KONRAD LISCHKA

Fehlfunktion

Buch

Anwenderfeindliche Radiowecker, gesundheitsgefährdende Wasserhähne, aufgeplatzte Milchpackungen – für Millionen Deutsche ist der Tag schon im Eimer, noch bevor sie morgens einen Fuß vor die Tür setzen. Fatale Fehlkonstruktionen machen uns das Leben schwer, sorgen für Zeit- und Nervenverlust und lassen unbedarfte Anwender an ihrem eigenen Verstand zweifeln.
SPIEGEL-ONLINE-Redakteur Konrad Lischka ist nicht mehr bereit, die Augen vor dem alltäglichen Technikwahnsinn zu verschließen. Er hat sich dieser und anderer »Fehlfunktionen« angenommen: Ob ÖPNV-Automat, elektrischer Händetrockner, Automatikjalousien oder Quietscheschuhe – Lischka hat praktische Lösungstipps parat für Technikmalaisen, die jeder kennt. Frei nach dem Motto: Lachen statt ärgern!

Autor

Konrad Lischka, Jahrgang 1979, hat eine Ausbildung zum Redakteur an der Deutschen Journalistenschule absolviert. Er arbeitete für die *Süddeutsche Zeitung* und die *Frankfurter Rundschau*, seine Artikel über IT-Themen erschienen in der Computerzeitschrift *c't* und der *Neuen Zürcher Zeitung*, und er war Redaktionsleiter und Chefredakteur des Literaturmagazins *Bücher*. Seit 2007 berichtet er als Netzwelt-Redakteur in seiner Kolumne »Fehlfunktion« auf SPIEGEL ONLINE täglich über Technik und ihre Tücken.

Konrad Lischka

Fehlfunktion

Warum Frischhaltefolie nie gerade abreißt und andere Alltagsärgernisse

GOLDMANN

FSC
Mix
Produktgruppe aus vorbildlich bewirtschafteten Wäldern und anderen kontrollierten Herkünften

Zert.-Nr. SGS-COC-001940
www.fsc.org
© 1996 Forest Stewardship Council

Verlagsgruppe Random House FSC-DEU-0100
Das FSC-zertifizierte Papier *Lux Cream* für dieses Buch liefert StoraEnso, Finnland.

1. Auflage
Originalausgabe Juni 2010

Umschlaggestaltung: UNO Werbeagentur, München
Umschlagabbildung: FinePic, München
Redaktion: Wiebke Rossa
KF · Herstellung: Str.
Layout und Satz: dtp im Verlag, Sabine Frohmader
Druck und Bindung: GGP Media GmbH, Pößneck
Printed in Germany
ISBN: 978-3-442-10225-9

www.goldmann-verlag.de

Inhalt

Um Ihre Sicherheit zu gewährleisten, beachten Sie bitte einfach folgende Punkte: Sollte der Text auf freier Kapitelstrecke stocken oder halten, steigen Sie nicht auf eigene Faust aus dem Kapitel aus, sondern folgen Sie den Anweisungen des Verfassers. Eigenmächtiges Aussteigen ist lebensgefährlich! Bewahren Sie bitte Ruhe. Es gibt feste Sicherheitsabläufe, die in diesem sehr unwahrscheinlichen Fall sofort eingeleitet werden. Die Fluchtwege sind ausgeschildert (siehe Inhaltsverzeichnis). Betätigen Sie die Notentriegelung, setzen Sie sich auf die Kapitelschwelle, und lassen Sie sich vorsichtig herab. Der Verfasser hilft ihnen dabei, das Kapitel zu verlassen, und übernimmt die Führung zum nächsten. Treten Sie nicht auf die Stromabnehmer! Benutzen Sie auf keinen Fall den Aufzug!

Warum?

Herzlichen Glückwunsch zum Kauf dieses Buches. Es wird Ihnen keine Stromschläge versetzen.

Wenn Sie einen DVD-Player oder sonst etwas zum Einstöpseln in Steckdosen kaufen, klingt das Vorwort der Anleitung ganz anders: Da gibt es auch erst mal als Glückwunsch getarntes Selbstlob (»Qualitätsprodukt«, »mit größter Sorgfalt gestaltet«, »hochwertiges Gerät«), aber dann kommen gleich die Drohungen.

Das Handbuch meines HD-DVD-Abspielers beschwichtigt kurz und perfide (»Dieses Gerät ist so konzipiert, dass keine Gefahr für Personen besteht.«), dann steht da auf drei Seiten, was man tun soll (»Anleitung lesen und aufbewahren«) und was passieren kann, wenn man es lässt. Drohende Sanktionen: »schwere Verletzungen sowie eine Fehlfunktion des Geräts«, »Feuer«, »elektrische Schlaggefahr«, »Rauch- oder Geruchsabgabe«.

Unter blöd anstellen fällt laut Anleitung: Aquarien auf HD-DVD-Player stellen. Gut, dass mal jemand davor warnt. Das Handbuch verlangt auch: »Wenn ein Gewitter aufzieht, ziehen Sie bitte den Netzstecker aus der Netzsteckdose.«

Bei diesen schadensersatzrechtlich wohl unvermeidlichen

Wir-haben-Sie-gewarnt-Tipps fehlt der Hinweis auf ein paar ganz erhebliche Alltagsärgernisse: Wer beim Verlassen der Wohnung den Stecker des Abspielers aus der Steckdose zieht, muss beim Einschalten jedes Mal von Neuem Zeitzone, Jahr, Monat, Tag und Uhrzeit einstellen – der Hersteller hat am Akku für die interne Uhr gespart. Abschalten lässt sich die nervige Erinnerung aber auch nicht. Dabei ist eine korrekt gestellte Uhr oder überhaupt eine Uhr gar nicht nötig, damit ein DVD-Abspieler funktioniert. Stellen soll man sie trotzdem.

Solche Details nerven. Warum es sie gibt, erzählt dieses Buch. Außerdem: Welche Autos muss man beim Glühbirnenwechsel auseinanderschrauben, was sollte man am Aufzug drücken (Abwärtstaste, Aufwärtstaste, beide) und warum fahren Automatikjalousien bei Sonnenschein hoch? Der Autor hat sich bei der Recherche verbrüht (mit dem Einhebelmischer), unterkühlt (mit demselben), Milch ins Auge bekommen (Kartonverpackungen), ein paar EM-Tore später gesehen als die Nachbarn (Signalverzögerung) und dabei Überlebenstipps gesammelt.

Auf das Ergebnis können Sie ruhig ein Aquarium stellen. Denn dieses hochwertige Buch wurde mit größter Sorgfalt so gestaltet, dass keine Gefahr für Leser besteht. Sie können sogar Ihren Kamin damit anzünden. Sollte es danach zu Rauch- oder Geruchsabgabe durch das Buch kommen, schmeißen Sie das Buch unverzüglich in Ihr Aquarium. Viel Glück!

Konrad Lischka

Fehler? Fehlende Technikärgernisse? Überlassen Sie die Buchreparatur dem qualifizierten Fachpersonal – es freut sich über Hinweise: tipp@fehlfunktion.org

Technikärgernis Staubsaugerbeutel

Der Staubbeutelwahnsinn

Wenn Vielfalt zum Horror wird: Wer einen neuen Staubsaugerbeutel braucht, hat ein Problem – es gibt 1120 verschiedene Tüten für 42.000 verschiedene Geräte. Die Wahrscheinlichkeit, zufällig den richtigen Beutel zu kaufen, liegt unter einem Promille.

Dirt Devil Derby ist ein wunderbar eingängiger Name für einen Staubsauger. Der half mir im Drogeriemarkt vor dem Regal mit den Staubsaugerbeuteln aber wenig.

Derby? Da gab es nur DD80-, Z107- und Y98-Beutel, die alle in irgendwelche Dirt Devils passen sollten. Derby stand auf keinem der Kartons. Ich fragte die Verkäuferin, sie drückte mir die Y98er-Packung in die Hand – »die passen schon«. Von wegen! Zwar passten die irgendwie in den Derby – nur wollte der Staubsauger sich mit den neuen Beuteln partout nicht schließen lassen.

Eine Google-Suche offenbarte das ganze Ausmaß des Staubbeuteldurcheinanders: Ein gutes Dutzend gewerbliche Staubsaugerbeutelanzeigen (»Staubbeutel für über 20.000 Staubsaugertypen!« – »Staubfiltertüten für über 14.000 Staubsauger!«) buhlen um Aufmerksamkeit – es scheint da draußen viele Menschen zu geben, die es wie ich nicht hinkriegen, im Drogeriemarkt zwischen den DD80ern und Z107ern den passenden Beutel für ihren Staubsauger zu finden.

Genauer gesagt: Es müssen mindestens ein paar Hunderttausend Staubsaugerbesitzer im Monat sein, die verzweifelt im Netz nach dem richtigen Beutel suchen, weil die aus dem Drogeriemarkt nicht passen. Markus Porten, Geschäftsführer eines der ältesten Staubbeutelwebshops, erzählt, dass seine Staubbeuteldatenbank im Durchschnitt 340.000 Suchanfragen monatlich abarbeitet. Porten: »In Hochzeiten sind es bis zu 550.000 Anfragen – im Januar, wegen der Tannennadeln.«

Wie groß die Staubbeutelvielfalt ist, verdeutlicht ein Blick in Portens Beutellager: 700 Quadratmeter Grundfläche, 144 Palettenplätze, 80 Meter Regalflächen, weil die meisten Staubbeutel nicht in Palettenmengen am Lager sind. Vor zehn Jahren programmierte Porten – eigentlich Inhaber eines Haushaltswarenladens in Hermeskeil bei Trier – die erste Staubbeutelsuchmaschine. Auf die Idee brachten ihn seine Kunden im Ladengeschäft: »Täglich kamen Kunden, um Staubbeutel zu kaufen, und haben vergessen, die Typenbezeichnung von der Rückseite des Staubsaugers mitzubringen.«

Dann kamen die ersten Bestellungen übers Internet, und Porten wurde zum Staubbeutelspezialisten: »Wir haben systematisch alle Altbestände gekauft, in unsere Suchmaschine eingepflegt und somit ein nahezu vollständiges Lager aufgebaut. Im Prinzip können wir Staubbeutel für Staubsauger aus den 1960er-Jahren genauso liefern wie Staubbeutel von Staubsaugern, die erst im Oktober von Tchibo verkauft werden.« Neben Privatleuten kaufen auch Hotelketten, Ferienparks, Kreuzfahrtschiffe und Fregatten bei Porten Staubbeutel für ihre exotischen Sauger.

Der Beutelhändler hat ständig 500.000 bis 800.000 Staubbeutel auf Lager – 1120 verschiedene Staubbeutelmodelle, die in rund 42.000 Staubsauger passen.

Ein Staubbeuteltyp kommt also rein rechnerisch auf 38 Staubsaugermodelle.

Immerhin!

Aus dem echten Leben

Welcher Münchner Drogeriemarkt führt so etwas? Mir sind die Staubsaugerbeutel ausgegangen und ich weiß nicht, wo man die kaufen kann. Bei DM war ich schon, die führen keine. Könnt ihr mir weiterhelfen, bevor ich im Chaos versinke?

(ein Ahnungsloser, der noch viel Ärger vor sich hat, im Webforum gutefrage.net)

»Für welchen Sauger denn?«

Statistik hilft aber wenig, wenn man den falschen Beutel hat, das erst bemerkt, wenn die Läden geschlossen sind, und die Wohnung folglich fegen muss.

Die Staubbeuteldatenbank verriet mir an solch einem Samstagabend: Die im Drogeriemarkt empfohlenen und gekauften Y98er-Beutel waren definitiv die falschen für meinen Dirt Devil – sie passen nur in den Picco Bello M 1440 bis M 1446, aber auch in den Swiffy M 1550 bis M 1554 und ein paar andere Dirt-Devil-Modelle. Nur nicht in den Derby. Der braucht Y93er. Alles klar?

Mir nicht. Und ein paar Hunderttausend anderen Staubsaugerbesitzern auch nicht. Zum Beispiel Herrn Marzinowsky aus Recklinghausen. Einem Lokalreporter der *Westdeutschen Allgemeinen Zeitung* hat der 67-jährige Rentner in der großartigen Rubrik »Unterwegs« erzählt, er komme gerade aus einem Elektroladen: »Dort sollte ich Staubsaugerbeutel einkaufen. Aber meine Frau hat mir wohl die falsche Typennummer gegeben.« Jetzt erst mal Mittagessen (»Sauerkraut, das kocht meine Frau immer

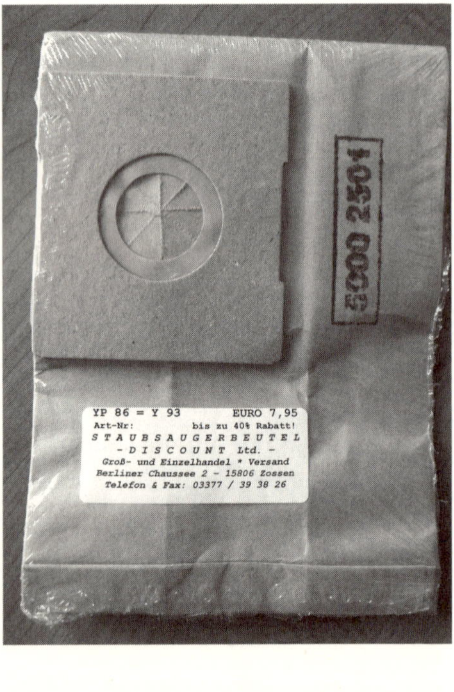

Beutelvielfalt: YP86 = Y93 – diese Beutel passen in einen Dirt-Devil-Derby-Sauger, mit Y98er sollte man es nicht versuchen.

besonders lecker«), dann nachmittags der nächste Versuch beim Elektrohändler – »hoffentlich mit der richtigen Nummer für die Staubbeutel«.

Muss das sein? Nein, fand das Deutsche Institut für Normung (DIN) immer schon. Vor elf Jahren erzählte der damalige Direktor Helmut Reihlen der Deutschen Presse-Agentur bereits, man arbeite an einer Norm für Staubsaugerbeutel, nach Einführung könnten von den gut 1000 angebotenen Typen womöglich nur noch zehn Beutelarten übrig bleiben.

Guter Plan. Doch die Sauger- und Beutelbauer verhinderten die Norm. Das DIN hat zwar schon die »Büschelauszugskraftprüfung« (DIN 20126 für die Bürstenherstellung) und »nicht haftende Verschmutzung« (DIN 77400 zur Reinigung von Schulen) genormt, beim Staubbeutel floppte die DIN-Initiative aber.

Die Geschäftsführerin des DIN-Verbraucherrats Karin Both erinnert sich an den Prozess: Der Verbraucherrat hatte einen Normungsantrag mit dem schönen Titel »Staubsaugerbeutel, Maße und Bezeichnungen« gestellt. Ziel war es, die Typenvielfalt einzuschränken und eine einheitliche Bezeichnung der unterschiedlichen Typen festzuschreiben. Die Hersteller diskutierten den Antrag im Komitee, das sich mit Gebrauchseigenschaften von Staubsaugern beschäftigt – und lehnten ihn ab.

Both: »Zwar zeigten diese ein gewisses Verständnis für das Anliegen der Verbraucherseite, und es wurde uns versichert, dass man bereits versuche, die Vielfalt firmenintern einzuschränken. Eine firmenübergreifende Lösung aber wurde abgelehnt.« Die Argumente: Genormte Beutel seien ein Eingriff in die Konstruktion des Staubsaugers selbst, dann müssten auch Anschlussmaße vereinheitlicht werden. Außerdem müsste man dann auch die anderen Filter im Gerät, wie zum Beispiel den Motorschutzfilter mitnormen, weil die in Staubbeutelpackungen mitverkauft werden.

Fragt man die Hersteller, warum es ein solches Wirrwarr bei einem so simplen Gebrauchsgegenstand wie Staubbeuteln gibt (von wegen technisch komplex – der erste Staubbeutel soll 1956 eine Papiertüte in einem Stoffbeutel gewesen sein), verweisen sie darauf, dass bei den aktuellen eigenen Staubsaugern doch gar nicht so viele unterschiedliche Staubbeuteltypen im Einsatz seien. Schon klar – die anderen sind schuld.

Von Miele heißt es dazu: »Für unsere aktuellen Staubsauger gibt es derzeit lediglich drei Staubbeuteltypen: für Bodenstaubsauger den Typ F/J/N mit einem nutzbaren Staubbeutelvolumen von 3,5 Litern Inhalt sowie den Typ G/N für Bodenstaubsauger mit einem nutzbaren Staubbeutelvolumen von 4,5 Litern; für aktuelle Handstaubsauger ist der Typ K/K verfügbar.«

Und die ganzen anderen Miele-Beutel? »Alle anderen Staubbeuteltypen (L/L, B, D, E, H) beziehen sich auf ältere Staubsaugermodelle, die wir nicht in unserem aktuellen Angebot haben.«

Und warum hat jeder Hersteller seine eigene Superbeutelmodellreihe? Das erklärt Miele so: Gerätegröße und die Bauform seien ein entscheidendes Kriterium für das Aussehen von Staubbeuteln. Und deshalb sei »eine DIN-Norm für Staubbeutel eher unrealistisch, denn die Geräte der verschiedenen Hersteller haben alle unterschiedliche Formen«.

Menschen wie Jürgen Marzinowsky und ich werden im Notfall noch viele Jahre lang durch Drogerie- und Elektroläden irren. Und vielleicht steht da einmal ein Experte wie Staubbeutelhändler Markus Porten. Der hilft schon mal »verzweifelten Kunden im Media Markt bei der Suche«. Nach zehn Jahren Beutelhandel glaubt er: »Einen Standard wird es meiner Meinung nach nie geben.«

Vielleicht ist deshalb der Brite James Dyson mit seinem beutellosen Sauger zum Milliardär geworden.

TIPP:

Pulen Sie den Staub aus den vollen, alten Staubsaugerbeuteln, am besten heimlich, nachts und draußen – Sie wollen ja nicht als Sonderling gelten. Eklig? Hören Sie mal: Was meinen Sie, wie eklig es erst wird, wenn Sie Ihre Teppiche sechs Monate nicht mehr gesaugt haben?

Technikärgernis Münzautomat

Münzdurchfall und Kartenschluckauf

Eine Million Verkaufsautomaten spucken in Deutschland gegen Münzen Zigaretten, Cola oder Fischköder aus. Meistens. Ein paar Zehntausend Mal täglich fallen echte Geldstücke aber einfach durch – Fehlalarm der Münzprüfer. Das Problem nervt seit mehr als hundert Jahren.

Die Idee ist genial, die Technik uralt und die Probleme auch: 1887 stellte der Süßkramkonzern Stollwerck den ersten Verkaufsautomaten (für Schokolade!) in Deutschland auf, 1888 konnte man in New Yorker U-Bahnhöfen die ersten Kaugummis am Automaten ziehen, und heute spucken in Deutschland fast 500.000 stumme Verkäufer Zigaretten aus, nachdem man Münzen eingeworfen hat.

Meistens jedenfalls.

Die Kratzspuren auf den Verkaufsautomaten für Cola, Fahrkarten und Zigaretten dokumentieren, dass ein nun schon mehr als hundert Jahre altes Problem immer noch auftritt: Münzverweigerung. Darüber regten sich Menschen schon im vorigen Jahrtausend auf. Im Mai 1905 zum Beispiel klagt der Automatengeschädigte Benjamin Reich in einem Leserbrief der *New*

York Times sein Leid mit den Kaugummiverkäufern: »Ich habe Penny um Penny eingeworfen, gute, ordentliche Münzen, und alles, was ich dafür bekommen habe, war das Vergnügen, gegen die Maschine gehämmert und dabei meine Hand leicht verletzt zu haben.«

1905 schluckten die Automaten manchmal die Münzen einfach, heute spucken sie das Geld immerhin wieder aus. Der Grund ist derselbe: Der Prüfer im Automaten hält die Münzen für falsch. Solche Tester bauten die US-Automatenhersteller bereits Ende des 19. Jahrhunderts ein, nachdem Kinder entdeckt hatten, wie man die Automaten austricksen konnte.

Schon 1891 hämmerten in Chicago Kinder systematisch Bleistücke von Rohren in Münzform ab und warfen sie dann in die Verkaufsautomaten – mit Erfolg. Dann wurden Münzprüfer eingebaut, die nach Merkmalen wie dem Gewicht die Echtheit der Geldstücke bestimmten. Und manchmal schlugen sie eben Fehlalarm.

So ist das heute noch: Burkhard Armborst, Sprecher des Automatenbetreibers Tobaccoland (verkauft jährlich 175 Millionen Zigarettenpackungen an mehr als 100.000 Automaten), beschreibt das Problem: »Bei der Prüfung und Annahme von Münzen befinden wir uns in einem Zwiespalt: Einerseits wollen wir so viele echte Münzen wie möglich annehmen, andererseits so viele falsche Münzen wie nötig ablehnen.«

Und das geht einfach nicht fehlerfrei, weil nach ein paar Monaten Zahlungsverkehr zwei echte Münzen sehr, sehr unterschiedlich aussehen können. Armborst erklärt: »Zum einen sind Münzen mit einem gewissen Toleranzspielraum geprägt, und durch die Abnutzung im Geldverkehr kommt es dann zu erstaunlichen

Schwankungen – echte Euromünzen sind ganz unterschiedlich schwer und dick.«

Deshalb schlagen Münzprüfer auch bei manchen echten Münzen Fehlalarm. Wie oft? In Labortests, so Automatenbetreiber Tobaccoland, bewege sich der Anteil solcher Fehlentscheidungen der Münzprüfer »im Promillebereich«, bei wechselnden Witterungsbedingungen draußen könne er aber »durchaus etwas höher sein«.

Bei der Masse an Automatenkäufen würde aber auch schon eine Fehlerquote von fünf Promille fast 2500 Fehlentscheidungen täglich bedeuten – allein bei den 100.000 Tobaccoland-Automaten. Insgesamt stehen in Deutschland laut dem Verband der Deutschen Automatenindustrie fast eine Million Verkaufsautomaten (für Zigaretten, Getränke, Fischköder und Fahrradschläuche). Angenommen, es werden bei allen Automaten im Durchschnitt ähnlich viele Transaktionen abgewickelt wie bei Tobaccoland, macht das hochgerechnet knapp 25.000 fälschlicherweise als unecht wieder ausgespuckte Münzen am Tag.

Schaut man sich die Kratzspuren an den Geräten an, hält sich der Mythos hartnäckig, dass es hilft, die Münzen an Metall zu reiben. Stimmt aber nicht, sagt Tobaccoland-Sprecher Armborst: »Das Rubbeln hilft gar nicht. Aber es hilft, die einmal abgewiesene Münze noch einmal einzuwerfen.« Denn wenn Gewicht, Masse und Material der Münze ganz nah an der Toleranzschwelle des Prüfers sind, kann er sie beim zweiten Versuch durchaus akzeptieren – egal ob man davor rubbelt oder nicht.

Wenn es beim zweiten Versuch klappt, führt man das auf der Suche nach einem anderen Grund als dem simplen Zufall aufs Rubbeln zurück. So nährt sich der Mythos.

Ramponierter Fahrkartenautomat: Links neben dem Ziffernfeld reiben Kunden ihre ausgespuckten Münzen.

Das Prüfproblem ist also nicht zu lösen, man kann es nur umgehen. Mit Zahlungsmitteln wie der Geldkarte zum Beispiel. Ganz selten verweigern Verkaufsautomaten die Geldkartenzahlung (wenn der Akku eines Automaten fast leer ist) oder buchen ab, ohne Ware auszuspucken (mechanische Probleme).

Trotzdem benutzt kaum jemand diese Karten zum Bezahlen – der Anteil von Geldkartenzahlungen liegt bei Tobaccoland-Automaten im niedrigen zweistelligen Prozentbereich. Sogar mit Scheinen wird häufiger bezahlt.

Abgesehen von der wenig geliebten Karte ist ein wesentlicher Fortschritt der Münzautomaten in den vergangenen hundert Jahren also, dass sie irrtümlich für unecht erklärte Geldstücke wieder ausspucken. Das erspart uns den Frust, der 1905 Benjamin Reich in New York auf Kaugummiautomaten einprügeln ließ.

TIPP:

Nicht aufregen – seien Sie froh, dass die Automaten Münzen überhaupt wieder auswerfen. Seit Monaten beackern Lobbyisten (Parketthersteller, Ernährungsindustrie, Krankenkassen) Abgeordnete, einen Einbehalteparagrafen durchzudrücken. Demnach sollen Münzautomaten als unecht ermittelte Münzen nicht mehr ausspucken dürfen. Die Geldstücke sollen gesammelt, von verstaatlichten Krisenbanken auf Echtheit geprüft und dann als Solidaritätszuschlag 2 an unter Kaufzurückhaltung leidende Unternehmen ausbezahlt werden. Allerdings wollen auch die Krankenkassen etwas vom Münzsoli abhaben – bei Automatentransaktionen handele es sich schließlich in der Regel um sogenannte Risikoeinkäufe (Schokoriegel, Zigaretten, Cola). Schmeißen Sie Ihre Münzen also durch die Automaten, solange das noch geht!

Technikärgernis Nummernblock

Wer viel rechnet, ruft Wildfremde an

Taschenrechner, Telefon, Tastatur, PIN-Pad – die Zahlen auf den Nummerntasten laufen immer anders, mal ab- mal aufsteigend. Folge: Wer oft Zahlen in den Computer tippt, ruft systematisch die falschen Leute an.

Beim zweiten Anruf binnen fünf Minuten wird es peinlich. Schon wieder verwählt. Schon wieder dieselbe falsche Nummer. Die inzwischen konsternierte wildfremde Dame sagt nur noch: »Bitte?« Da hilft bloß die Flucht nach vorn: »Da ist wirklich nicht die Staatsbibliothek?«

Aufgelegt. Nein, offensichtlich nicht die Bibliothek. Die arme alte Dame habe ich in wenigen Wochen oft angerufen, als ich an der Universität Tausende von Ziffernfolgen in ein Statistikprogramm tippte.

Warum es damals immer wieder gerade diese alte Dame erwischt hat? Die Ziffern auf dem Nummernblock der Computertastatur sind anders angeordnet als die auf dem Telefon. Die Fehlverbindungen sind der Preis einer Konditionierung.

Bei beiden Layouts sind die Ziffern in drei Reihen mit drei Spalten angeordnet. Nur beginnt auf der Computertastatur die oberste Ziffernreihe mit 7 und endet mit 9, die unterste fängt mit 1 an und hört mit 3 auf. Auf Telefontastaturen laufen die Ziffern hingegen von 1 (links oben) bis 9 (rechts unten). Die Folge: Wer viele Zahlen in Rechner tippt und telefoniert, muss ständig umdenken.

Zum Beispiel Elektroingenieur Ingo Köhler, der für Energieunternehmen Netzverträglichkeitsprüfungen und Netzberechnungen macht und klagt: »Wenn ich telefonieren muss, muss ich mich immer stark konzentrieren, die richtigen Zahlen auf dem Telefon zu tippen.« Wie viele Zahlenarbeiter fragt Köhler sich, weshalb die Ziffern auf der 10er-Tastatur eines Computers anders angeordnet sind als auf dem Telefon.

Die Tastaturhersteller Logitech und Cherry erklären die Anordnung der Ziffern auf Anfrage so: Da habe IBM in den Anfangstagen des PCs bei der Gestaltung des ersten Tastaturnummernblocks einfach die alten Rechenmaschinen als Vorbild genommen. Günter Vogl, Marketingchef der deutschen Tastaturfirma Cherry: »Das ist also historisch bedingt. Damals hatten Telefone noch Wählscheiben. Warum bei den Tastentelefonen später eine andere Ziffernreihenfolge gewählt wurde, entzieht sich unserer Kenntnis.«

Kein Wunder – die Ursache für das Ziffernchaos liegt Jahrzehnte zurück, in einer Zeit, bevor es überhaupt Heimcomputer gab. Fast so lang versucht das Deutsche Institut für Normung (DIN) schon Standards für die Ziffernanordnung zu setzen. DIN-Sprecher Peter Anthony: »Ursache für die Reihenfolge der Telefontasten war die damalige Technologie beim Wählen der einzelnen Ziffern durch die Drehwählscheibe am Telefon.«

Die Wählscheibe ist also schuld. Alte Telefone wählten Nummern über das sogenannte Impulsverfahren mit mechanischen Impulsen. Die Wählscheibe funktionierte als Aufzugsmechanismus, ein wenig wie der bei alten Weckern. Aufziehen, loslassen – und wenn die Wählscheibe zurückrattert, aktiviert sie beim Ablaufen Kontakte so oft, wie die jeweilige Ziffer auf der Wählscheibe es anzeigt. Also zum Beispiel: Für die 1 wird der Kontakt einmal geschlossen, für die 2 zweimal und so weiter. Deshalb beginnen auf Wählscheiben die Ziffern bei 1 (ein Kontakt) und enden bei 0 (zehn Kontakte), wofür man die Scheibe bis zum Anschlag aufziehen muss.

Als dann neue Wahlverfahren kamen, die mit elektronischen Schaltungen und Zifferntasten arbeiteten, übernahmen die Hersteller einfach die alte Ziffernfolge der Wählscheiben von 1 bis 0, obwohl es dafür keine technische Notwendigkeit mehr gab. Die ersten dieser Tastentelefone gab es in den 1960er-Jahren in den Vereinigten Staaten zu kaufen, als dort das Tonwahlverfahren eingeführt wurde.

Diese willkürlich von der mechanischen Wählscheibe abgeleitete Belegung der Telefontasten hat sich so weit verbreitet, dass die Internationale Fernmeldeunion (ITU) sie in den 1980er-Jahren in einer Richtlinie zur »Anordnung von Ziffern, Buchstaben und Symbolen auf Telefonen« (die gibt es wirklich!) als Empfehlung festhielt.

In den 1950er-Jahren, als die Welt noch mit Drehscheiben Telefonnummern wählte (wenn überhaupt), verabschiedete das Deutsche Institut für Normung (DIN) die erste Rechenmaschinennorm. Als Belegung für die Zifferntasten einigten sich die Industrievertreter damals auf die Abfolge von 7 bis 9 in der oberen Reihe des numerischen Blocks.

Da Telefone damals keine Tasten hatten, erkannte niemand den Widerspruch in der Bedienlogik beider Systeme. DIN-Sprecher Anthony: »Erst als auch die mechanischen Rechenmaschinen durch elektrische und elektronische ersetzt wurden, erkannte man die Unterschiede beider Tastaturen.«

Da war es allerdings schon zu spät für einen übergreifenden Standard. Telefon- und Rechenmaschinenfirmen hatten kein Interesse daran, ihre Geräte plötzlich umzustellen. Und da eine Lösung nur so aussehen konnte, dass eine der beiden Fraktionen auf ihren Ziffernstandard verzichtete, kam es einfach nicht dazu. »Die Hersteller von Rechenmaschinen argumentierten, dass sie soundso viele Tausend Geräte im Feld hätten, das gleiche Argument brachten auch die Telefongesellschaften vor.« Hinzu käme

Telefonwählscheibe: Hier beginnt alles mit Eins. Die Wählscheibe aktiviert beim Zurückrattern nach dem Aufziehen so viele Kontakte, wie die jeweilige Ziffer auf der Wählscheibe es anzeigt – für die 1 wird der Kontakt einmal geschlossen und so weiter.

der Aufwand für die Umschulung der professionellen Anwender, die die Tastatur »blind«, sicher und schnell bedienen müssten.

Und so existieren die Wählscheiben- und die Rechenmaschinen-Doktrinen bis heute: An der Rechenmaschine haben sich die Entwickler der Taschenrechner und der Computertastatur orientiert. Die Automatenindustrie nahm sich bei den Feldern zur PIN-Eingabe an Geldautomaten hingegen die Telefontastatur zum Vorbild.

Der letzte Versuch, einen internationalen Standard für Ziffernblöcke zu finden, ist 1990 gescheitert. Das DIN weiß: »Erfolg kann so eine Vereinheitlichung nur haben, wenn sich die interessierten Kreise an einem Normungsprojekt aktiv beteiligen.«

Dazu wird es wohl kaum kommen. Der DIN-Kompromiss sieht derzeit so aus: Laut DIN-Standards darf der Ziffernblock auf Tastaturen auch wie die Tastenfolge beim Telefon gestaltet sein (so die DIN 2137-2). Gebaut werden solche Tastaturen aber nicht. Günter Vogl von Cherry erklärt das so: »Es gibt viele großartige Studien und Entwicklungen effektiverer Layouts. Die sind aber alle trotz überwältigender Argumente in der Praxis jämmerlich gescheitert. Menschen sind eben Gewohnheitstiere.« 95 Prozent der Kunden wollen Standardtastaturen.

Und da nur eine Minderheit Zahlenkolonnen tippt, telefoniert und sich regelmäßig verwählt, wird das auch noch einige Zeit so bleiben.

TIPP:

Hören Sie auf zu telefonieren. Das ist einfacher, als sein Gehirn und den Nummernblock am Computer neu zu programmieren. Natürlich können Sie auch versuchen, einfach nie mehr die Zahlentasten eines Telefons zum Wählen zu benutzen, und auf so modernes Zeug wie Sprachwahl und Namensspeicher umsteigen. Das ist aber erfahrungsgemäß bei den meisten Geräten deutlich schwieriger, als einfach gar nicht mehr zu telefonieren.

Technikärgernis Kinderwagen

Vier Hände für ein Zusammenklappen

Schieben, fummeln, fluchen: Ein Kinderwagen hat nur wenige Funktionen, aber selbst die sind bei manchem Edelmodell unbedienbar. Produkttester und Eltern klagen: Die Handbücher sind so unverständlich wie die Mechanik.

Wer noch nie ein Baby durch die Gegend geschoben hat, wird überrascht sein: So manches Babygefährt kostet als Neuwagen locker so viel wie ein Laptop. Zum Vergleich: Ein tragbarer Computer versammelt diverse Prozessoren, Speicherchips und sonstige Elektronikbauteile auf einer eigentlich lächerlich winzigen Fläche und erfüllt so ziemlich jede Funktion von Stereoanlage bis zum Fernseher.

Ein Kinderwagen besteht aus Plastik, Metall und Stoff und hat gerade mal fünf grundlegende Aufgaben zu erfüllen – er muss bequem und sicher sein, sich gut rollen, zusammenklappen und zuverlässig arretieren lassen.

Nicht einmal das klappt so richtig zum Laptoppreis. Die Bedienung einiger Babyroller ist aberwitzig schwierig, erzählen Kinderwagenbesitzer und schreiben Kinderwagentester.

Zum Beispiel die Stiftung Warentest, die den Praxisteil eines Vergleichstests von 15 Modellen 2006 so bilanzierte: »Häufig kritisierten die Eltern ein umständliches Zusammenfalten und Aufklappen. Das ist in der Regel nur mit zwei freien Händen und unter kraftvollem Ziehen oder Drücken zu bewerkstelligen.«

Dass das mit dem Zusammenklappen auch zwei Jahre später noch immer nicht einfach geht, berichtete 2008 das Schweizer Testmagazin *K-Tipp*. Zusammen mit dem Schweizer Fernsehen SF1 ließen die Redakteure ein Institut zehn Kinderwagen im Labor und in der Praxis testen – sechs Kinder im Alter zwischen sechs Wochen und zwei Jahren wurden von ihren Eltern in den Testfahrzeugen durch die Gegend geschoben.

Als einzige Anleitung zur Bedienung erhielten die Eltern das Originalhandbuch des jeweiligen Modells. Fazit der Tester in Sachen Bedienbarkeit beim Zusammenklappen: »Bei einigen geht das ganz leicht. Andere haben einen Sicherheitsmechanismus, der ohne Anleitung kaum durchschaubar ist.«

Zum Beispiel der Chicco Trio S3: Dieses Modell schneidet im Praxistest von *K-Tipp* am schlechtesten ab. Redakteur Rolf Muntwyler begründet das vor allem mit den Erfahrungen der Praxistester: »Das Zusammenklappen ist sehr schwierig, viele Hände sind nötig.« Im Testbericht heißt es, der Wagen sei »mühsam zu transportieren«, zusammenklappen könne man den Trio S3 nur, »indem man ihn zum Beispiel gegen eine Wand drückt«.

Beim Hersteller Chicco kann man diese Kritik nicht nachvollziehen. Der wegen Sicherheitsauflagen doppelt gesicherte Schließmechanismus sei tatsächlich »komplizierter zu bedienen«, aber gegen eine Wand müsse der Wagen ganz sicher nicht gedrückt werden. Stattdessen heißt es bei Chicco: »Beim zitierten Test wurde es jedoch bewusst unterlassen, die Kinderwagen den Testerinnen vorgängig vorzuführen – ein in der Kaufpraxis nicht vorkommender Fall, da diese Modelle ausschließlich in beratenden Fachhandelsgeschäften verkauft werden, Vorführung, Handhabung und Zusammenklappen inklusive.«

Sprich: Wer den Chicco-Kinderwagen bei Amazon (dort wird er durchaus von Drittanbietern verkauft) bestellt, ist selbst schuld. Denn, so der Hersteller: »Jedes Modell hat seinen eigenen Dreh, um ihn einfach und schnell zusammenzuklappen; ohne dies jedoch vorher gesehen zu haben, ist es tatsächlich nicht immer leicht – jedes Modell ist da anders.«

Im Test von *K-Tipp* schnitt auch der Stokke Xplory im Praxistest wegen des arg aufwendigen Zusammenklappmechanismus mit der Note 4,2 gerade mal ausreichend ab. Der Hersteller Stokke begründet den komplizierten Klappmechanismus mit Sicherheitsanforderungen: »Wir können Sicherheit garantieren, wenn sich die Eltern beim Zusammenklappen des Wagens konzentrieren müssen.«

Denn beim Xplory wird der Zusammenklappmechanismus auch verwendet, um zwei der vier Räder einzuklappen, wenn Treppen leichter bewältigt werden sollen. Das dürfe nicht versehentlich ausgelöst werden.

Weil das Zusammenklappen des Xplory am Anfang »ungewohnt« ist, rate Stokke den Eltern auch, »sich den Mechanismus im Fachhandel zeigen zu lassen«.

Guter Tipp, denn im Handbuch ist die Darstellung eher dürftig: Auf einer Doppelseite wird dort in elf Sprachen anhand von fünf passfotogroßen Zeichnungen erklärt, wie der Xplory nun zusammenzufalten ist. Auszug: »Den Klemmhebel von unten (B) und oben (A) eindrücken und ohne Loslassen den Griff hochziehen (Abb. 2). Jetzt mit dem Fuß den Fußhebel (C) oben auf dem Bügel drücken und in dieser Stellung den Griff zum Körper hin ziehen (Abb. 3).«

Das von Testern oft beklagte Gewicht mancher Kinderwagenmodelle sehen die Hersteller als völlig normal an. Es handele sich dabei schließlich um besonders stabile, geländegängige Modelle. Deshalb sei ein Pauschalvergleich etwa des Chicco Trio S3 mit anderen Kinderwagen nicht statthaft, beklagt sich der Hersteller: »Es liegt in der Natur der Sache, dass ein Offroad-Kinderwagen schwerer und voluminöser ist als ein sogenannter City-Wagen, welcher andere spezifische Vorteile wie Wendigkeit, weniger Gewicht und kompaktere Außenmaße aufweist.«

Hier sollten sich Eltern besser überlegen, was sie eigentlich wollen, heißt es bei Chicco: »Niemand kauft einen Smart fürs Gelände, keiner ist in der Innenstadt gut bedient bei der Parkplatzsuche mit einem Cayenne.«

Sprich: Wer sich einen besonders stabilen Kinderwagen kaufe, solle auch nicht über das Gewicht meckern. »Das Ärgernis im Alltag ist somit weniger in der Technik zu suchen, sondern ist ein Resultat von gekauften Produkten, welche womöglich nicht den Erwartungen der Konsumenten entsprechen, weil vor dem Kauf keine anständige Bedürfnisabklärung und Beratung gemacht wurde – Stichwort: Internet, Discounter, SB-Schiene.«

Tatsächlich würden im Durchschnitt nur zwei bis fünf Prozent der mit einem Kinderwagen zurückgelegten Strecken auf unbefestigtem oder schneebedecktem Terrain liegen.

Anders argumentiert der Hersteller Stokke gegen die Kritik am Gewicht des Modells Xplory. Stiftung Warentest urteilte 2006:

»Das Gefährt ist insgesamt aber so unhandlich, dass man es weder zusammenklappen noch irgendwo hinauf- oder hineinheben möchte. Am besten bleibt es bis zur nächsten Ausfahrt in der Garage oder im Wirtschaftsraum stehen – falls vorhanden.«

Stimmt schon, sagt der Hersteller – mit knapp zwölf Kilo sei der Xplory wirklich schwerer als jeder andere von Stiftung Warentest geprüfte Kinderwagen. Aber man müsse ihn ja nur ganz selten anheben: »Da man aber zwei Räder abklappen kann und den Xplory dadurch wie eine Sackkarre in Bus oder Bahn ziehen kann, ist es seltener nötig, ihn zu heben als bei herkömmlichen Kinderwagen.« Abgesehen davon: »Zusammengeklappt ist der Xplory ungefähr 42 x 99 x 57 Zentimeter groß – und passt damit sogar in den Kofferraum eines Porsche.«

Auch die Bremsen an vielen Kinderwagen geben Anlass zur Klage. Die Parkbremse des Kinderwagens Bugaboo Cameleon löst man mit einem Knopfdruck. Das ist einfach. Das Problem dabei ist aber, dass der Bremshebel mit einem Ruck zurückschnellt – zum Gestell hin, an dem man mit der anderen Hand gerne den Wagen festhält. Wer da nicht aufpasst, kriegt einen Schlag auf die Finger.

Das kann passieren, gibt man bei Bugaboo zu. Aber nur, wenn man den Wagen »falsch« hält. Überhaupt rate man im Handbuch ja nicht ohne Grund dazu, die Bremse mit zwei Händen zu lösen: »Eine Hand drückt den Knopf, die andere hält den Bremshebel fest.«

Allerdings machen Menschen, die die Anleitung nicht auswendig gelernt haben, das intuitiv offensichtlich anders. Zu helfen ist ihnen scheinbar nicht. Dazu Bugaboo: »Natürlich haben wir unsere Entwickler nach Bedienungsalternativen suchen lassen, aber bislang ist das Ergebnis, dass jede Änderung am Mechanismus, zum Beispiel eine schwächere Feder, die Sicherheit beeinflussen würde.«

Warum die Bremse beim aktuellen Bugaboo-Modell mit der Hand zu bedienen ist, lässt sich mit den schlechten Erfahrungen beim Vorgängermodell Frog erklären. Da saßen die Bremsen an den Vorderrädern, was die Besitzer nervte. Man musste sich um den Wagen winden, um mit der Fußspitze die Bremse vorn an den Reifen festzustellen.

Die Vorderräder waren in der Tat nicht der ideale Platz für die Bremsen, das hat man auch bei Bugaboo eingesehen: »Unsere Entwickler haben erkannt, dass es zu kompliziert war, die Bremse so zu erreichen. Deshalb hat das Nachfolgemodell eine Handbremse.« Die lässt sich leicht bedienen, klemmt dafür aber manchem Benutzer die Finger ein. Was wohl eine Bremse an den Hinterrädern anrichten könnte?

TIPP:

Kaufen Sie sich einen Geländekinderwagen, und ziehen Sie aufs Land. Zum Beispiel in die norddeutsche Tiefebene. Da ist es nicht so voll, niemand drängelt (wohin auch?), und Sie müssen nie mehr Kinderwagen stemmen, denn in dieser Pampa liegt alles prächtig ebenerdig.

Technikärgernis Rolltreppe

Sinnlos brutal

Mal zu langsam, mal zu schnell und meistens in die falsche Richtung unterwegs: Rolltreppen sind nie perfekt, aber das soll auch so sein. Dass der Handlauf schneller als die Stufen läuft? Ein Sicherheitssystem, sagen Ingenieure. Was Treppen mit Richtungswechsel sollen, können aber auch sie nicht erklären.

Der Durchschnittsfußgänger hat die Rolltreppe immer noch nicht verstanden. Sonst würde er Fahrtreppe sagen, wie Personenbeförderungsexperten das Transportmittel nennen. So heißt es ja auch in der entsprechenden Norm DIN EN 115-1: »Sicherheit von Fahrtreppen und Fahrsteigen«.

Die Sicherheit der Fahrtreppen in Deutschland wird leider tagtäglich durch Falschfahrer gefährdet. Die Leute stellen zum Beispiel achtlos ihre Taschen auf den Handlauf oder halten ihn sogar mutwillig fest. Die Folge: Der Handlauf holt sich Zerrungen. Seine Schmerzen bemerkt keiner, die Fahrtreppenfahrer sehen nur: Der wird ja langsamer!

Dieses ständige Ausbremsen erklärt das Phänomen der nachts rasenden Handläufe: Fährt man spät allein Rolltreppe, ist der

Handlauf immer schneller als die Stufen. Wer sich festhält, wird vorgezogen. Man muss den Handlauf unterwegs immer wieder loslassen, um nicht vorzukippen. Das habe ich lange Zeit für mangelnde Präzision gehalten. Aber damals habe ich Fahrtreppen ja auch noch Rolltreppen genannt. Heute weiß ich: Die beschleunigten unbelasteten Handläufe sind eine Art Sicherheitssystem. Ein Handlauf darf nicht langsamer als die Rolltreppe sein, sonst würden womöglich Menschen nach hinten kippen. Unter voller Belastung (mehrere Handtaschen voller Zwiebeln und eine Horde Kinder) muss ein Handlauf also immer noch so schnell sein wie das Stufenband der Rolltreppe. Ohne Belastung darf der Handlauf bis zu zwei Prozent schneller sein, erklärt Rolltreppenbauer ThyssenKrupp. Alles nur, weil Menschen ihre Handtaschen auf den Handlauf stellen. Wäre der dazu gedacht, würde er Handtaschenlauf heißen!

Die Benutzer wissen einfach nicht, wie man sich auf einer Rolltreppe zu verhalten hat. Dass man rechts steht und links vorbeirennt zum Beispiel. Das hat die Deutsche Bahn sogar in ihre Hausordnung geschrieben (»festgestellte Verstöße führen zu Hausverweis, Hausverbot, Strafverfolgung und/oder Schadensersatzforderungen«). Trotzdem hält sich daran nur eine Minderheit.

Deshalb funktionieren die Fahrtreppen mit Richtungswechsel auch nie. Naive Techniker, die an das Gute im Menschen glauben, haben solche Wechseltreppen mit einer seltsamen Standardeinstellung in deutschen Großstädten verteilt: Wer als Erster auf die Metallfläche tritt, gibt die Richtung an.

Konsequenz: Wenn morgens im Minutentakt oben jemand auf eine Rolltreppe tritt und runterfährt, müssen die in Fünfminutenintervallen aus den ankommenden U-Bahnen drängenden

Pendlermassen eben die Treppe nehmen. Niemand wird oben auf die Idee kommen, einfach mal runterzulaufen. Man hat schließlich für die Rolltreppe bezahlt! Wer kennt die Situation nicht: Während man selbst von der Pendlerhundertschaft hinter sich die Treppe hochgepresst wird, sieht man auf einer sonst leeren Rolltreppe nebenan einen einsamen Fahrgast hinabgleiten.

In Hongkong hat man dieses Pendlerproblem beim Central-Mid-Levels-Rolltreppensystem sehr pragmatisch gelöst: Das 135 Höhenmeter bewältigende Treppensystem fährt von sechs bis zehn Uhr früh abwärts und dann bis Mitternacht nur nach oben.

So was machen Hamburger jeden Tag mit der zweispurigen Sierichstraße, auf der man von vier bis zwölf Uhr nur in die Stadt hineinfahren kann und den Rest des Tages raus. Wenn das bei

Rolltreppe: Das R-Wort benutzen nur Ahnungslose, Experten sprechen von Fahrtreppen, wie es ja auch in der DIN-Norm EN 115-1 heißt (»Sicherheit von Fahrtreppen und Fahrsteigen«).

einer Straße geht, dürfte es bei Rolltreppen ja kein Problem sein. Aber irgendjemand mit viel Macht über richtungsändernde Rolltreppen glaubt wohl, dass die Menschen runterlaufen, statt auf die Rolltreppe zu springen, wenn sie sehen, dass unten sehr viele Menschen stehen, die sehr schnell nach oben wollen. Falsch!

Fahrtreppen haben es nicht leicht in Deutschland. Sie werden getreten, man verpasst ihnen Zerrungen und spricht sie immer mit falschem Namen an. Kein Wunder, dass die Treppen da anfangen sich zu wehren. Das hat vor Jahrzehnten schon die Düsseldorfer Punkband Male erkannt und singt in dem wohl bekanntesten Fahrtreppenlied:

Rolltreppe Rolltreppe/Eisen und Stahl
Rolltreppe Rolltreppe/sinnlos brutal.

Mit Fahrtreppen kann man's ja machen.

TIPP:

Seien Sie einmal nett zu Ihrer Fahrtreppe, streicheln Sie den Handlauf, häkeln Sie ihr was Schönes für die kalten Tage. Wer weiß, wie lange es sie noch gibt. In Berlin sind im Winter 2007 elf Fahrtreppen verstorben. »Schleichend, still und leise« habe das »kleine Rolltreppensterben« um sich gegriffen, stellte im Jahr darauf die Lokalpresse fest.

Technikärgernis Webformular

Minderjährige Webnutzer drücken den Killknopf

Diese Minimacken quälen Webnutzer täglich: Ein Klick neben den Sendeknopf löscht den Inhalt von Formularen komplett, Facebook bevorzugt Babys, und Unternehmen behalten eingegangene Nachrichten eisern für sich.

Ein Säugling hat es besonders einfach, sich beim deutschen Menschelnetzwerk Wer-kennt-wen anzumelden. Eigentlich müssen Mitglieder ja mindestens 14 Jahre alt sein, aber im Anmeldeformular stellt das Kölner Netzwerk trotzdem das Geburtsjahr 2010 nach ganz oben. Wer seinen ersten Geburtstag noch vor sich hat, muss bei Wer-kennt-wen am wenigsten rumscrollen, um sich anzumelden.

Eine völlig sinnlose Anordnung – kein Säugling wird sich je bei Wer-kennt-wen anmelden. Und wenn sich jemand aus Scrollfaulheit als Nulljähriger ausgibt, erkennt die Software die Anmeldung einfach nicht an und verlangt wieder: »Bitte gib Dein Geburtsjahr an«. Sprich: Alle in dem Menü zum Herunterscrollen absteigend aufgeführten Jahreszahlen von 2010 bis 1996 sind überflüssig.

Warum die unnötigen Jahreszahlen trotzdem da stehen? Vielleicht, weil das fast alle Netzwerke so machen. Bei Facebook beginnt das Auswahlmenü für das Geburtsjahr auf der Anmeldeseite natürlich mit dem aktuellen Jahr, bei MySpace genauso. Wer sich hier registriert, muss fleißig Jahreszahlen durchblättern, bis er auch nur in die Nähe eines Alters kommt, in dem man lesen kann.

Etwas intensiver haben offenbar die Gestalter bei der Studenten-Community StudiVZ nachgedacht: Hier muss bei der Altersangabe nicht gescrollt, sondern getippt werden. Man gibt einfach sein Geburtsdatum ein. Auch eine andere weitverbreitete Webfalle haben die StudiVZ-Designer mittlerweile elegant umschifft: Statt sich sein Heimatland aus einer sehr langen Liste herauspicken zu müssen, gibt man einfach den Ortsnamen ein. Den Rest erledigt eine Datenbank.

Andere Netzwerke sind nicht so benutzerfreundlich. Da beginnt die Länderliste gern mit Australien und hangelt sich dann schön alphabetisch von Belarus über Costa Rica durch das Gesamtverzeichnis der Staaten dieser Welt, bis dann weiter unten endlich Deutschland kommt. Da ist man als Netzwerkwilliger schon dankbar, wenn Deutschland noch vor der Dominikanischen Republik auftaucht und nicht erst irgendwo gut versteckt im Mittelfeld nach Gambia, wie bei manchen Auswahlmenüs, wo Deutschland Germany heißt, weil die Designer eine englische Ländernamenliste benutzt haben.

Auch ein anderer Klassiker des Draufloswebdesigns kann Webnutzer so richtig in Rage bringen. Unter den Kontaktformularen, mit denen man auf Webseiten Nachrichten verschicken kann, fanden sich früher fast immer zwei gleich große, im schlimmsten

Fall direkt nebeneinanderstehende Buttons: Ein Knopf löscht alle zuvor in Formularfelder getippten Angaben, der andere schickt die Nachricht ab.

Das Problem: Weil die Schalter meist so nah beieinanderstehen, ganz ähnlich aussehen und immer wieder anders angeordnet sind, verklickt man sich schnell. Das ist umso frustrierender, wenn man gerade eine lange, detaillierte Beschwerdenachricht in so ein Webformular auf der Seite eines Unternehmens getippt hat. Wut weggeschrieben, falschen Knopf angeklickt – Frust noch größer.

»Web-Folklore« nennt Andreas Butz, Professor für Medieninformatik an der Münchner Ludwig-Maximilians-Universität diese Gestaltung. Warum man diese Löschknöpfe noch immer unter Formularen findet, erklärt er so: »Das ist technisch einfach zu machen, und es gab wohl mal einen Fall, wo das sinnvoll war.«

Und so geistert dieser Killknopf, den tatsächlich kaum jemand braucht, noch immer durchs Web.

Zum Beispiel auf den Webseiten der Deutschen Telekom. Da steht unterm Kontaktformular als erste Option zum Anklicken »Reset« (Sprachverwirrung inklusive) und erst als zweite, rechts daneben »Senden«. Das Bundesgesundheitsministerium ist der deutschen Sprache da schon deutlich verbundener: Erst kommt der Button »Senden« und gleich daneben, in doppelter Größe »Zurücksetzen«. Aber warum sollte man überhaupt alles komplett löschen wollen, was man in ein Kontaktformular getippt hat? Wer seine Nachricht doch lieber nicht versenden will, schließt die Seite einfach. Und wer vorm Absenden noch schnell ein, zwei Fehler korrigieren möchte, wird wohl kaum alle Textfelder löschen und alles noch einmal komplett neu eintippen.

Wer seine Nachricht per Webformular tatsächlich durch Betätigung des richtigen Buttons auf den Weg gebracht hat, hat hoffentlich ein gutes Gedächtnis oder sich vorher eine Kopie gemacht. Denn es kann passieren, dass der Text auf Nimmerwiedersehen verschwindet. Bei eBay hat man damit keine Probleme: Wer einem anderen Mitglied über ein Webformular eine Nachricht schickt, bekommt eine Kopie per E-Mail, wenn er das entsprechende Häkchen setzt. Das ist praktisch. Und sehr praktisch wäre das bei den Webformularen auf den Seiten irgendwelcher Unternehmen, die man nur einmal kontaktiert (meist, um sich über irgendetwas zu beschweren), und daher kein Log-in, keinen Postausgang oder sonst eine Archivierung der abgeschickten Nachricht hat.

Warum kann man sich also nicht bei jedem Webformular die Nachricht als Kopie selbst zusenden lassen? Daran hat offenbar einfach noch niemand gedacht. Eine entsprechende Anfrage (per Webformular!) bestätigt zum Beispiel der ADAC mit einer Bestätigungs-E-Mail (»Ihre Nachricht wird geprüft und an die zuständige Abteilung weitergeleitet«). Nur den eigentlichen Inhalt der Nachricht schickt der ADAC nicht mit (»Mich stört es ein wenig, dass ich eine Mail über Ihr Kontaktformular verschicken muss, aber mir davon keine Kopie per Mail schicken kann.«). Dafür antwortete noch am selben Tag ein ADAC-Mitarbeiter: »Momentan« werde dieses Feature nicht angeboten. Aber man arbeite an einer Modernisierung des Auftritts. Vorbildlich.

TIPP:

Argentinien ist ein wunderbares Land. Costa Rica auch. Wenn Sie sich so sehr über das Zwangsscrollen in den Auswahllisten diverser Webformulare ärgern, ziehen Sie doch in ein schönes Land am Anfang des Alphabets. Das dürfte wesentlich einfacher zu bewerkstelligen sein als eine Korrektur der mysteriösen Ländernamenliste, bei der sich offenbar alle Web- und Datenbankverwalter dieses Planeten bedienen. Schöner Nebeneffekt: Auf diese Weise können Sie sich auch gleich all die Hassnachrichten per Webformular an besagte Webdesigner sparen und dem Fluch des Killknopfs entgehen.

Technikärgernis Getränkekarton

Warum die Milch aus der Verpackung spritzt

Ob Milch oder Saft, ob Lasche oder Abzieher – es spritzt immer. Inkontinenz scheint ein Naturgesetz bei Lebensmittelverpackungen zu sein: Joghurtbecher platzen gern im Rucksack, und Müslitüten reißen immer so weit auf, dass die Haferflocken herausrieseln. Muss das sein?

In meiner Küche treten seit Monaten Milch- und Saftkarton im Inhalthochspucken gegeneinander an. Den Rekord hält bislang ein Multivitaminsaft vom Discounter nebenan: Der kommt in einem 1,5-Liter-Monsterkarton, zum Öffnen muss man eine runde Lasche mit einem Ring vom Deckel abziehen.

Nun ja, eher abreißen, denn die Lasche klammert sich hartnäckig an den Saftkarton, ich drücke und reiße – pflopp, Ring ab, Lasche zu. Oder, spektakulärer: Lasche ab und Multivitaminsaft in meinem rechten Auge und auf dem Hängeschrank.

Milchkartons schießen ihre Milchspritzer beim Öffnen nur in Brusthöhe. Merkwürdig: Die Hersteller erproben seit Jahren immer neue Verschlüsse auf den Getränkekartons aber die meisten spritzen dem Öffner immer noch etwas Flüssiginhalt entgegen, wenn er nicht sehr, sehr behutsam vorgeht.

An meiner Morgendusseligkeit allein kann das nicht liegen – eine Umfrage unter Verbrauchern über 55 hat ergeben, dass nur eingeschweißter Käse sie noch mehr nervt als spuckende und schlabbernde Milchkartons.

Ursache für die Plemperattacken: Wenn keine Luft in der geschlossenen Verpackung ist, spritzt der Inhalt beim unvorsichtigen Öffnen und schlabbert beim ersten Ausschenken. Warum manche Verpackungen randvoll sind? Das spart Material und Platz. Solche Kartons werden erst in der Abfüllmaschine aus einer Verpackungsbahn geformt und versiegelt. Vor zehn Jahren noch öffnete man diese Kartons ganz einfach: Aufschneiden und schlauerweise an einer anderen Stelle ein kleines Loch reinstechen, damit Luft einfließen kann.

Dann wollten »Verbraucher und Handel wiederverschließbare Verpackungen haben«, erklärt Michael Kleene, Sprecher des Fachverbandes Kartonverpackungen für flüssige Nahrungsmittel. Und so kam dann als erste Lösung der längliche Klappverschluss – Deckel anheben, Folie drunter mit mehr oder weniger Kraft und Spritzern abreißen, ausschenken, Deckel draufdrücken.

Inzwischen geht der Trend zu Schraubverschlüssen, berichtet Kleene. Warum diese eigentlich »funktionalste« Verschlusslösung nicht immer so perfekt funktioniert, wie sie es technisch könnte, deutet der Sprecher an: Der Schraubverschluss sei die teuerste Verschlusslösung. »Leider sind die meisten Verbraucher nicht bereit, wegen des Verschlusses einen höheren Preis zu bezahlen. Daher gilt es, die Balance zwischen Preis und Funktionalität zu finden.«

Das sieht bei meinen Frühstückssäften so aus: Der Verschluss des Multivitaminsafts vom Discounter lässt sich wieder zuschrauben, schießt beim ersten Öffnen aber eben um sich, weil die Verschlusslasche so festklebt. Der teurere Marken-Orangensaft hat einen ziemlich raffinierten Schraubverschluss: Beim ersten Aufdrehen bricht der Schraubdeckel die Versiegelung – da muss man nicht an irgendwelchen Ringen reißen.

Tolle Verpackungen sind teurer – das erklärt auch das zweite große Frühstücksrätsel: Warum reißen Müslipackungen immer senkrecht und viel zu weit auf? Das passiert zumindest mir regelmäßig. Wer morgens zu ungeduldig ist, um eine Schere zu suchen und an der Müslitüte herumzuschnibbeln, reißt die Kunststofftüte einfach auf.

Glasflasche: Viel Luft in der Verpackung und dann noch ein Drehverschluss – das ist erheblich teurer als ein randvoll gefüllter (aber spritzender) Karton.

Es ist dasselbe Problem wie beim schießenden Getränkekarton: Das gezackte Endstück der Müsliverpackung ist kaum einzureißen – hat man das mit viel Kraft geschafft, geht der Riss dann beim Rest der Tüte ganz leicht ganz tief weiter. Zumindest bei meinen Discountertüten.

Das ginge alles auch viel intelligenter, urteilt Norbert Sauermann, Chefredakteur des Fachmagazins *Verpackungs-Rundschau*. Nur: »Das ist das Dilemma moderner Verpackungstechnik – es gibt für alles eine Lösung, nur muss sie bezahlbar sein. Die Hard-Discounter sind auch deswegen so erfolgreich, weil sie mit ihrer Nachfragemacht eben nicht die beste Verschlussmöglichkeit bezahlen wollen.«

Deshalb sind die meisten Günstigmüslis auch in Folien aus schwach verzweigten Polymerketten als Hauptmaterial verpackt. Bei der Industrievereinigung Kunststoffverpackungen (IK) ist bekannt, dass diese Stoffe eine »hohe Weiterreißneigung im Unterschied zu stark verzweigten Polymerketten haben«.

Solche stabileren Folienverbünde seien schlicht teurer – zu teuer für manche Discounter. Neben Materialkosten spart man zum Beispiel mit besonders leichten, dünnen und platzanfälligen Joghurtbechern auch Gebühren für das Duale System Deutschland, die nach Gewicht berechnet werden.

Auf eine entsprechende Anfrage zum Thema hat die Pressestelle des Spritzsaft- und Schleudermüslidiscounters nicht geantwortet.

Wenn mir wieder mal Saft ins Auge spritzt, Müsli in die Küche rieselt oder ein Joghurtbecher im Rucksack platzt, weiß ich:

Geiz kleckert.

Und spritzt.

TIPP:

Ein Naturgesetz besagt, dass Menschen ungern teure Säfte, dafür aber umso bereitwilliger kostspielige Küchenhelfer kaufen, die Gläser, Flaschen oder Zugringdosen öffnen und so aussehen, wie sie heißen. Zum Beispiel Swereco TaUpp-Burköppnare oder Brix J-Popper. Konstruieren Sie ein Gerät, das Spritzmilchkartons und Schleudermüslitüten ganz sanft öffnet. Oder eine Maschine, die Milch in der Luft und das Müsli kurz vorm Aufprall auf dem Fußboden auffängt. Sie brauchen nur noch ein Patent, einen komischen Namen und einen überzeugenden Werbespot für den Fernsehverkauf. Wenig später verdienen Sie mit den Milchspritzschützern so viel, dass Sie nie mehr Discounterverpackungen öffnen müssen.

Technikärgernis Maßeinheiten

Warum Festplatten plötzlich schrumpfen

Wie groß ist ein Gigabyte? Programmierer, Softwarekonzerne und Festplattenhersteller haben da ganz unterschiedliche Definitionen. Weil Apple und Microsoft Standards ignorieren, schockt Anwender immer wieder plötzlicher Speicherschwund: Die Festplatte war im Laden doch größer!

Jede Woche entdeckt irgendwo in Deutschland ein Computernutzer, dass ihm Unbekannte eine Menge Gigabytes gestohlen haben. Die Webforen sind voller Berichte über solche Speicherplatzdiebstähle. Da kauft sich jemand eine Festplatte mit 320 GB und stellt fest: Kaum ist das Betriebssystem installiert, sind nur noch 298 GB vorhanden! Ist das normal, oder sollte man das Teil zurückbringen?

Es gibt viele wilde Theorien, die diesen Speicherschwund erklären. Die Hersteller runden angeblich »großzügig auf«, die Formatierung »koste viel Speicherplatz« und: »Jede Platte braucht einiges an Speicher für sich selbst!«

Das klingt alles ganz süß, stimmt aber nicht: Die großen Abweichungen bei den Angaben zum Speicherplatz rühren daher, dass Festplattenhersteller und Betriebssysteme mit zwei unterschiedlichen Standards rechnen und einige Programmierer sich nicht entscheiden können. Wenn auf einem DVD-Rohling 4,7 Gigabyte Kapazität stehen und das Betriebssystem Mac OS X nur 4,38 GB Speicherplatz entdeckt, ist das beides irgendwie richtig.

Für Nichtinformatiker ist es allerdings nicht ganz so einfach, das zu verstehen. Computer arbeiten mit einem anderen Zahlensystem als wir im Alltag: Alle Einheiten des in der Informatik genutzten Binärsystems sind Potenzen von zwei. Nur solche Zweierzahlen können die Transistoren in Computerchips nachbilden – sie lassen entweder Strom fließen oder nicht, an oder aus, eins oder null.

Weil Informatiker so sehr ans Dualsystem gewöhnt sind, beziffern sie seit Jahrzehnten Datenmengen mit einem ähnlich aufgebauten Maßsystem – in Zweierpotenzen. Ein Bit ist die Basis, null oder eins. Acht solcher Bits sind ein Byte. Und zwei hoch zehn solcher Bytes, also 1024, sind ein Kilobyte. Und so rechnen die Informatiker dann weiter: Zwei hoch 20 Bytes sind ein Mega-, zwei hoch 30 Bytes ein Gigabyte.

Der Rest der Welt rechnet aber etwas anders. Ein Kilometer hat ja nicht 1024, sondern 1000 Meter, und eine Tonne entspricht auch nicht zwei hoch 20 Gramm, sondern zehn hoch sechs, also einer Million Gramm. Gewichte und Entfernungen geben zumindest Europäer mit Maßeinheiten an, die sich in Zehnerpotenzen steigern.

Die Einheiten reguliert das Internationale Büro für Maße und Gewichte (IBMG). Es hat vor Jahrzehnten festgelegt, dass ein Kilo immer dem 1000-fachen des Ursprungswerts entspricht. Wenn Informatiker also von einem Kilobyte sprechen und damit 1024 Bytes meinen, weichen sie von einem internationalen Standard ab – um 2,4 Prozent. Dieses Kuddelmuddel wollte das Normungsgremium für Elektrotechnik (IEC) im Jahr 2000 ein für alle Mal beenden.

Seit November 2000 gilt, dass 1000 Bytes einem Kilobyte entsprechen und 1000 Kilobytes einem Megabyte und so weiter. Wer das alte Binärsystem benutzt, soll doch bitte fortan von Mebi- und Gibibytes sprechen und als Abkürzung auch GiB statt GB verwenden, damit die Verwirrung aufhört.

Die IEC-Normer warnten damals, die Probleme dieses Standardkuddelmuddels würden mit der Zeit immer größer werden: »In einigen Jahren wird der Speicherplatz auf herkömmlichen PCs und Laptops in Terabytes gemessen werden. Hier weichen Angaben in der Binärmaßeinheit schon um fast zehn Prozent von der im Zehnersystem ab. Bei Exa-Einheiten wird die Abweichung schon bei fast 20 Prozent liegen.« Je größer Festplatten werden, desto deutlicher tritt die Verwirrung bei den Maßeinheiten zutage.

»Die Probleme für Ingenieure, Kunden und Marketing-Verantwortliche werden immer größer, deshalb haben wir einen Standard erarbeitet«, hieß es 2000 von der IEC. Nur leider ignorieren die beiden großen Anwenderbetriebssysteme Windows und Mac OS diesen Standard komplett und beziffern Datenmengen im guten alten Binärformat, ohne das kenntlich zu machen. Wenn Windows und Mac OS X behaupten, »GB« zu messen, meinen sie eigentlich »GiB«. Die Hersteller von Festplatten, Speicherkarten und USB-Sticks hingegen nutzen ausschließlich den Zehnerstandard.

Das führt zu absurden Ergebnissen: Dass auf der Verpackung

eines DVD-Rohlings 4,7 GB steht, Mac OS X und Windows aber nur 4,38 GB entdecken, ist man inzwischen gewöhnt. Dass Apple aber in der eigenen Werbung von 80 GB spricht, das Apple-Betriebssystem aber nur 74,21 Gigabyte ausmacht, ist schon absurd.

Aus dem echten Leben

Die Brennweite wird bei Digitalkameras in Millimetern angegeben und gibt den Abstand an zwischen der Mittelachse der Linse und der Stelle, wo das einfallende Licht auf Sensor oder Film trifft. Das soll Käufern eigentlich sagen, wie nah eine Kamera ein Objekt heranzoomen und wie weit das Blickfeld maximal sein kann. Das funktioniert aber nicht, weil die Bildsensoren bei Digitalkameras unterschiedlich groß sind. Deshalb muss man immer prüfen, ob die Hersteller nun einen nicht vergleichbaren oder einen umgerechneten Wert angeben – die sogenannte kleinbildäquivalente Brennweite (abgeleitet vom 35 mm breiten Zelluloidfilm) hat sich als Standard etabliert.

Die Drehzahl, wie oft in der Minute sich die Kurbelwelle eines Motors dreht, kann fast jeder Autofahrer ablesen. Nur wozu? Wann man nun idealerweise schalten sollte, verraten die Hersteller nicht, dabei ist das abhängig vom Motor. Wie viel Benzin man gerade verbrennt, sagt die Drehzahl auch nicht. Aber gut zu wissen, dass sich da etwas sehr schnell dreht im Motor.

Apple-Sprecher Georg Albrecht argumentiert, das habe sich so eingespielt: »Wir bauen ja die Festplatten nicht selbst und verwenden, wie alle Hersteller, die SI-konforme Bedeutung ein GB für eine Milliarde Byte. Ebenso verwenden alle mir bekannten Betriebssysteme die gleiche Abkürzung GB im Binärsystem.«

Im September 2009 änderte Apple dann aber ganz still doch noch die Rechenart: Das neue Betriebssystem Snow Leopard zählt Festplattenspeicher weiter in GB – meint damit aber nun anders als der Vorgänger die Dezimalbezeichnung. Wer vor dem Betriebssystemwechsel laut OS X eine 372 Gigabyte große Festplatte hatte, wird nach dem Update von einer 400 Gigabyte großen Platte überrascht sein. Das macht das Chaos kleiner, bringt Apple aber auch Kritik. Schließlich nutzen Hardwarehersteller ja gern das Dezimalsystem, weil derselbe Speicherplatz hier mit größeren Zahlenwerten beworben werden kann als im Binärsystem. Nun passt sich ein Betriebssystem diesem Marketing-Dogma an. Mike Szczys vom Blog Hack a Day zum Beispiel fragt rhetorisch: »Hat Apple nicht viel zu gewinnen, wenn die Angaben bei der ganzen Hardware, die sie verkaufen, nach mehr Speicherplatz klingen als vorhanden ist?«

Warum man nicht einfach das Betriebssystem dem neuen Standard anpassen kann, erklärt Microsoft so: »Das ist eine riesige Aufgabe.« Alle Vorgängersysteme und alle Programme nutzen ja das bei der Programmierung von Anfang an verwendete Binärsystem. Eine Umstellung könnte zu enormen Problemen führen, deren Ausmaß kaum abzusehen ist. »Alte Laufzeitbibliotheken könnten plötzlich ungültig sein, Programme würden womöglich abstürzen.« Bei Windows heißt es: »Gott hat die Welt ja nur in sieben Tagen erschaffen können, weil es keine installierte Basis gab.«

Immerhin sind die Rollen hier klar verteilt: Die großen Anwenderbetriebssysteme halten sich nicht an den Standard, die Hardwarehersteller schon. In welchen Einheiten aber nun zum Beispiel T-Online, Telekom und T-Mobile ihre Datenübertragungsraten und Inklusivvolumen berechnen, ist nicht wirklich ersichtlich. Mal rechnet die Telekom auf ihrer Webseite in Binärlogik, ein »Megabit habe 1024 Kilobit«, T-Mobile wiederum gibt in Zehnersystematik an, ein Megabit habe »eine Million Bit«.

TIPP:

Nehmen Sie einen Klebezettel und schreiben Sie:
»1 Gigabyte = 1 GB = 1.000.000.000 Bytes« und darunter
»1 Gibibyte = 1 GiB = 1.073.741.824 Bytes.«
An den Monitor kleben und jeden Tag den Kopf darüber schütteln.

Technikärgernis Rückentext

Torkelnder Text auf DVD- und Buchrücken

Mal von unten, mal von oben: Bei jedem Roman und jeder DVD läuft der Titel auf dem Rücken anders. Es gibt zwar Standards – aber niemand hält sich dran. Deshalb müssen Buchkäufer vorm Regal weiter die Köpfe hin- und herneigen – bis sie zusammenstoßen.

Wieder mal habe ich jemanden in der Buchhandlung umgerannt, vorm Regal mit den Reiseführern. Aber ich hatte diesmal nach ein paar Minuten betretenen Schweigens und Weiterstöberns nicht nur eine Entschuldigung, sondern die Erklärung: Wer hier auf den Buchrücken die Titel lesen will, muss ständig den Kopf mal nach links, mal nach rechts neigen – je nachdem, welches Buch da steht. Die Schrift läuft auf jedem Buchrücken anders, mal von unten nach oben (Kopf nach links), mal andersrum (Kopf nach rechts).

Wie soll man da noch auf etwas anderes (Menschen, Füße, Hindernisse) achten?

Ein kleines Ärgernis. Aber umso größer ist das Rätsel, warum nach ein paar Jahrhunderten Buchdruck ausgerechnet in Deutschland kein Beschriftungsstandard existiert. Oder steckt doch ein System hinter dem Beschriftungschaos auf Buch- und DVD-Rücken? Darüber diskutieren verdutzte Buchkäufer immer wieder und formulieren ausgefuchste Normvorschläge: »Bei Büchern, die im Regal stehen, ist unbedingt diejenige Anordnung am funktionalsten, die es uns ermöglicht, die Buchtitel in Übereinstimmung mit unseren normalen Lesegewohnheiten aufzunehmen, das heißt von links nach rechts und zeilenweise von oben nach unten.«

Derart detaillierte Ausführungen zur Theorie des optimalen Buchrückens klingen merkwürdig – bis man selbst anfängt, Buchrücken zu untersuchen. Und das ist unvermeidlich, wenn

Buchrücken: Das internationale Normungsinstitut ISO wünscht sich den idealen Buchrücken so wie den Banksy- und Ellis-Band rechts – die Schrift läuft von oben nach unten. Daran halten sich mit wenigen Ausnahmen wie Reclam die deutschen Verlage aber nicht – Suhrkamp lässt den Titel auf den Buchrücken von unten nach oben laufen, polnische Verlage machen es mal so, mal so.

einem das Chaos einmal aufgefallen ist – Buchrückenpedanterie. Ich suche wochenlang nach dem System hinter diesem Durcheinander, doch es gibt schlicht keines.

Angeblich laufen in Deutschland die meisten Titel auf Buchrücken von unten nach oben (Kopf nach links). Die Regel ist das aber nicht: Bei Reclam-Bändchen ist das zum Beispiel konsequent anders (Rückenschrift von oben nach unten), bei vielen Verlagen gibt es Ausreißer.

Völlig verwirrend ist die Beschriftung von Kunstbänden: Hier läuft der Titel auf dem Buchrücken häufig im angloamerikanischen Stil von oben nach unten. Aber auch hier gibt es viele Ausnahmen – zum Beispiel beim Kunstbuchverlag Hirmer.

Der Verleger Albert Hirmer hadert seit den 1970er-Jahren mit dem Thema. Damals kam die Idee auf, in Deutschland zur international überwiegend verwendeten Form, nämlich von oben nach unten, überzugehen. Hirmer erinnert sich: »Freudig haben wir dies aufgegriffen, weil ich mich stets geärgert habe, dass die Rückenzeile bei einem Buch, das mit dem Titel nach oben liegt, auf dem Kopf gelesen werden muss. Dafür wurde ich schon in der Folge beschimpft, aber irgendwann muss man einen Schnitt machen.«

Aber keine Regel ohne Ausnahme. Hirmer verlegt neben Büchern auch Ausstellungskataloge, bei denen Herausgeber wie Museen die Richtung vorgeben, um für ihr Haus eine einheitliche Anordnung zu haben. Hirmer: »Deshalb gibt es bei uns natürlich – leider – auch Bücher, bei denen der Titel von unten nach oben läuft.«

Beim Börsenverein des Deutschen Buchhandels kommentiert man das ganze Durcheinander schlicht so: »Es gibt in Deutschland keine Norm für die Beschriftung von Buchrücken, die Schrift läuft in vielen Fällen von unten nach oben; eine Erklärung dafür kenne ich nicht.«

Weit mehr Gedanken zu dem Thema haben sich die Experten des Deutschen Instituts für Normung (DIN) gemacht – sie arbeiten sich seit etwa 50 Jahren an einer Buchrückennorm ab. Das erste Ergebnis erschien im Juni 1959 – ohne bindenden Standard. In jahrelangen Debatten über die Norm DIN 1429 hatten sich die betroffenen Verlage offenbar nicht einigen können, wie die Schrift auf dem Buchrücken nun laufen soll. In den Erläuterungen der Norm schreiben die Verfasser: »Die Auseinandersetzungen darüber haben geradezu weltanschauliche Formen angenommen. Auch der Ausschuss hat sich bei der Bearbeitung der Norm eingehend mit dieser Frage beschäftigt. Für beide Arten werden gute Gründe angegeben.«

Läuft der Rückentext von oben nach unten, kann man ihn bequem lesen, wenn das Buch mit der Titelseite noch oben flach auf einem Tisch liegt. Allerdings lief der Rückentext in Deutschland meist von unten nach oben – bei einer Änderung drohte das Chaos in Bibliotheken.

Der Ausschuss kapitulierte. Statt eines Standards gab man nur eine Empfehlung heraus, und zwar die, »den Rückentitel von unten nach oben laufen zu lassen«. 20 Jahre später überlegte das Institut es sich anders und empfahl nun in einer überarbeiteten Norm, die Schrift auf dem schmalen Buchrücken »von oben nach unten« laufen zu lassen. Begründung: Das sei so »international, besonders im angloamerikanischen Sprachraum vorherrschend«.

Einen weltweiten Standardisierungsversuch gab es dann noch: Das internationale Normungsinstitut ISO veröffentlichte im Dezember 1985 eine Buchrückennorm (6357). In der Einleitung steht das Offensichtliche: »Bücher und ähnliche Publikationen, die in Regalen eingestellt oder abgelegt werden, sind einfacher zu finden, wenn die Beschriftung der Rücken standardisiert ist.« Auch die ISO-Vereinheitlicher empfehlen, dass die Schrift auf dem Buchrücken von oben nach unten läuft.

An diesen Grundsatz hält sich allerdings auch 25 Jahre später kaum ein Verlag. Das DIN hat inzwischen aufgegeben – die letzte Neufassung der Buchrückennorm wurde 2000 zurückgezogen. Seitdem gab es keinen neuen Vereinheitlichungsversuch.

Nach Jahrzehnten der Nichtregulierung hat sich das Beschriftungschaos von Büchern auf CDs und nun auch DVDs ausgeweitet. Der Text auf dem DVD-Rücken läuft nicht nur von Filmstudio zu Filmstudio in verschiedene Richtungen – er wechselt auch von Film zu Film (*Shrek 1* vs. *Shrek 2*). Filmverleiher Twentieth Century Fox erklärt das ganz einfach: »Es gibt keinen Standard zur Beschriftung der DVD-Rücken.«

Daran hat einfach noch niemand gedacht.

TIPP:

Tragen Sie in Buchhandlungen, Bibliotheken und Ihrem Wohnzimmer grundsätzlich Kopf-, besser noch zusätzliche Ellbogen- und Knieschützer. Noch haben die Krankenkassen Büchereinkauf und DVD-Auswahl daheim nicht auf die Liste der Risikoaktivitäten gesetzt, aber sicher ist sicher. Nehmen Sie sich nach jeder Nutzung einer Bibliothek oder Ihres Bücherregals ausreichend Zeit für Rückenübungen. Sollten Sie dafür keine Zeit finden, raten Rückenärzte dringend dazu, die Heimbibliothek nach Laufrichtung des Rückentexts zu sortieren.

Technikärgernis Passwortmaskierung

Sternchen sehen

Seit Jahrzehnten verstecken Programmierer die Passwörter hinter Sternchen. Wer sich bei Webdiensten anmeldet, sieht nicht, was er gerade eintippt, und schreibt die vorschriftsmäßig komplizierten Passwörter falsch. Warum? Weil das immer schon so war.

Irgendwann einmal waren Computer noch seltener als Geldautomaten. Vor den wenigen Rechenterminals an den Universitäten drängten sich dutzendweise Studierende und schauten dem Glücklichen über die Schulter, der gerade am Rechner saß und seine Passwörter eintippte. Da war es wohl ganz praktisch, dass beim Eintippen von Passwörtern statt Buchstaben nur Sternchen zu sehen waren.

Heute sieht die Sache etwas anders aus: Jeder Mensch muss sich ein Dutzend Passwörter für die Rechner im Büro und daheim, das Mobiltelefon und eine Menge Webseiten (E-Mail, Fotoseite, Kochrezept-Portal) merken. Der Unterschied zu der Zeit, als jemand die Sternchen als Passwortmaskierung erfand und zum Standard machte: Heute haben die meisten einen eigenen Computer (oft auch zwei), eine Menge Passwörter und in den meisten Fällen beim Eintippen keine Menschenansammlung hinter sich.

Weil man dank der Sternchen nie sieht, was man gerade eintippt, scheitert jeden Tag ein Anmeldeversuch mit dem Satz »Passwort oder Benutzername nicht korrekt«. Man zweifelt: Hat man sich bei der Katzenfotoseite doch mit einem Pseudonym registriert? Oder hat man im Passwortfeld gerade statt 7586 vielleicht 7856 getippt? Also gibt man das Geheimwort wieder und wieder, Buchstabe für Buchstabe ein – und wenn man Glück hat, schafft man es nach drei Versuchen, das Schlüsselwort korrekt einzugeben.

Wie wenig durchdacht die vor Jahrzehnten ersonnene Sternchenlösung ist, merken Menschen erst heute. Denn früher genügte meist ein Passwort, um sich am Rechner anzumelden, die Programme verlangten keine erneute Anmeldung. Heute verbringt man mehr und mehr Arbeits- und Freizeit auf Internetseiten statt mit Programmen. E-Mails, Kalender, Kontakte und Adressen – das verwalten heute viele Menschen übers Web.

Ronald Hartwig, Experte für Gebrauchstauglichkeit, von der Unternehmensberatung User Interface Design nennt Passwörter »aus Sicht der Benutzerfreundlichkeit eine Katastrophe an sich«. Der Mensch werde gezwungen etwas zu tun, was er erwiesenermaßen nur sehr schlecht könne: sich möglichst sinnlose Kombinationen aus Zahlen, Sonderzeichen und Buchstaben zu merken. Hartwig: »Die wohl menschlichste Reaktion darauf ist, sich allen Ratschlägen der Sicherheitsexperten zu widersetzen und sehr einfache und oft eben auch gleiche Passwörter zu nutzen. Dann aber würde ein Beobachter von einem eventuell unwichtigen Passwort für beispielsweise Twitter auch auf meinen

Mailaccount schließen können. Die Chancen sind sehr hoch, dass beide Passwörter gleich oder zumindest nach einem ähnlichen Schema gebildet sind.«

Damit die Menschen im Web zumindest kompliziertere – und dadurch schwieriger korrekt einzutippende – Passwörter nutzen, fordert der US-Usability-Experte Jakob Nielsen ein Ende der dämlichen Sternchenmaskierung. Sein wütender Kommentar in seinem Blog: »Feedback geben und den Zustand des Systems visualisieren sind seit jeher zwei Prinzipien ergonomischer Gestaltung. Standardmäßig Sternchen zu zeigen, während Nutzer komplexe Zeichenfolgen eintippen, erfüllt definitiv keinen dieser Grundsätze.«

Nielsen wettert, Passwortmaskierung sei heute nur deshalb der Standard, weil Webentwickler sie ganz leicht als Einstellung angeben könnten und weil es schon immer so gemacht wurde. Warum sollte man sich bei jeder Passworteingabe gezwungenermaßen gegen Menschenmassen schützen, die hinter einem aufs Ausspähen des Passworts lauern, fragt Nielsen. »Man sitzt doch meistens allein im Büro und ärgert sich über schlechte Bedienbarkeit, die einen vor einem Nicht-Problem schützen soll.«

Wie bei jeder guten Polemik lässt Nielsen ein paar Details weg. Manchmal ist die Sternchenmaskierung ja heute immer noch sinnvoll: Wer bei Präsentationen seinen Laptop-Desktop an die Wand projiziert, wird wohl kaum die Zuhörer bitten, jetzt mal eben bei der Passworteingabe ganz kurz wegzuschauen. Wer das tut, kann sicher sein, dass auch die eben noch abwesenden Zuhörer jetzt besonders genau hinschauen. Der deutsche Usability-Experte Hartwig sieht den Sternchenstandard daher nicht so kritisch wie sein US-Kollege Nielsen: »Ich möchte ja beispielsweise nicht, dass meine Partnerin auch meinen Facebook- oder E-Mail-Zugang kennt. Ich möchte ihr das aber auch nicht erklären oder sie gar bitten, sich mein Passwort nicht anzusehen. So verschiebt die Technik den Ball, sodass meine Partnerin mich schon direkt nach meinem Passwort fragen müsste.«

Allerdings gibt es heute viel effektivere und gefährlichere Passwortausspäher. Trojaner nisten sich auf den Rechnern argloser Surfer ein und protokollieren alle Tastaturanschläge samt Passworteingaben und verschicken die Daten heimlich an Cyberkriminelle, die dann die ergaunerten Accounts übernehmen oder weiterverkaufen. Gegen diese heute viel gravierendere Form des Passwortdiebstahls helfen die Sternchen gar nicht. Die IT-Sicherheitsexpertin Christiane Rütten vom Fachmagazin *c't* bestätigt: »Passwortmaskierung hilft nicht gegen Keylogger und war auch niemals dafür gedacht. Keylogging ist und bleibt die Achillesferse von Kennwörtern. Daher sollte man auf guten Virenschutz achten und wichtige Passwörter nur auf vertrauenswürdigen Systemen eingeben.«

Die gut gemeinten Sternchen dürften einige Webnutzer zu riskantem Verhalten drängen: Wer mangels Anzeige der gerade eingetippten Zeichen seine Passwörter immer wieder falsch eingibt, wird sie vielleicht der Einfachheit halber in einem Textdokument speichern und fortan von dort korrekt kopieren und im Sternchenfeld einfügen. Abgesehen davon hilft es kaum beim Auswendiglernen von Kennwörtern, dass man sie nie sieht. Je mehr Sinne man regelmäßig mit etwas zu Lernendem beschäftigt, umso besser prägt es sich ein.

Aber auch eine abschaltbare Sternchenmaskerade dürfte kaum der entscheidende Impuls sein, der es einem normal begabten

Menschen ermöglicht, sich die von Sicherheitsexperten geforderten 20 und mehr unterschiedlichen Passwörter samt diverser Sonderzeichen für all die Onlinedienste zu merken. Zumindest gegen die unbemerkten Vertipper bei der Passworteingabe haben einige Hersteller ganz pfiffige Methoden entwickelt: Gibt man bei Blackberry-Handys und Apples iPhone Kennwörter ein, wird für ganz kurze Zeit das eben getippte Zeichen im Klartext angezeigt und verwandelt sich dann in ein Sternchen. Medieninformatiker Andreas Butz, an dessen Lehrstuhl an der Universität München auch die Bedienbarkeit von IT-Geräten erforscht wird, lobt diesen Kompromiss: »So bleibt das ganze Passwort unlesbar, gleichzeitig kann man aber die häufigen Vertipper wegen der schlechten Tastatur besser korrigieren.«

Apple-Programmierer haben die Bedienbarkeit der Sternchenfelder bei der Passwortabfrage für Funknetzwerke erheblich verbessert: Standardmäßig sind die oft sehr langen Zeichenketten maskiert, der Anwender kann aber auch auf ein Feld namens »Passwort anzeigen« klicken und sieht dann im Klartext, was er gerade eintippt. Für IT-Sicherheitsexpertin Rütten ist das der »perfekte Kompromiss«. »Wenn der Anwender das Getippte sehen möchte oder muss, kann er selbst am besten entscheiden, ob Gefahr durch Shoulder Surfing besteht oder ob er diese vernachlässigen möchte.«

Den Menschen selbst entscheiden zu lassen, wie sicher oder genervt er gerade sein muss, ist eine recht naheliegende Idee. Warum nur ein verschwindend geringer Anteil der Webdienste und Programme das den Anwendern zutraut, ist erstaunlich, hat aber Tradition bei der Softwareentwicklung.

TIPP:

Wenn die Software nicht anzeigt, was man schreibt, muss der Anwender eben schreiben, was die Programme zeigen. Spricht etwas gegen Passwörter wie *****?**

Technikärgernis Schnürsenkel

Verflixt und zugeschnürt

Ihre Schnürsenkel halten nie? Dann binden Sie die falschen Knoten. Millionen Menschen stolpern deswegen über ihre eigenen Füße. Dabei sind perfekte Schuhschleifentechniken leicht zu erlernen. Mathematiker haben die besten erforscht.

Diesen Anblick wird Paul Ives nie vergessen – er war zu lustig: Als der Brite im August 2008 von der Arbeit nach Hause kam, hing da im eingeschlagenen Erdgeschossfenster seines beschaulichen Häuschens im britischen Dartford ein Mann. Kopfüber, am Schnürsenkel seines Turnschuhs, der sich außen am Fensterrahmen verfangen hatte. Der ins Wohnzimmer hängende Mann hatte einen Hammer in der Hand und schwor den herbeigerufenen Polizisten: »Ich habe einen Einbrecher verfolgt.« Zwei Monate später wurde der Einbrecher verurteilt. Die BBC titelte: »Knast für den Schnürsenkel-Einbrecher«.

Der Schnürsenkel-Einbrecher ist eine von vielen Nachrichten auf der Seite von Ian Fieggen, einem australischen Informatiker, der seit Jahren gegen sich im falschen Augenblick öffnende Schuhschleifen kämpft. Manche der Schnürsenkelunfälle in

Fieggens Archiv sind absurd, viele tragisch: Menschen ertrinken, werden überfahren, rasen mit ihren Autos in Gebäude – alles wegen Schuhschleifen, die sich im falschen Augenblick öffnen.

Das passiert ziemlich oft – mir bei manchen Schuhen mehrmals täglich, anderen Leidgeplagten noch häufiger. Da wird schnell der verzweifelte Ruf laut nach ein paar Tipps, damit die Schnürsenkel wieder besser halten.

Ian Fieggen hätte da ein paar. Der 46-jährige Programmierer analysiert nach eigener Aussage seit 1982 verschiedene Methoden zum Binden von Schuhschleifen, betreut die wohl umfangreichste Webseite zum Thema und hat eins der Standardwerke auf diesem Gebiet veröffentlicht (*Laces: 100s of Ways to Pimp Your Kicks*).

Ein Grund dafür, dass die Schleifen bei manchen Schuhbändern immer wieder aufgehen: das Material. Fieggen: »Das kommt heute viel häufiger vor, da viele Synthetikschnürsenkel sehr glatt sind, vor allem bei Nylon.« Beim Zentralverband des Deutschen Schuhmacherhandwerks beobachtet man das vor allem bei den Standardschuhbändern: »Die allermeisten Schuhe haben von Fabrik aus Schnürsenkel, die nicht aus reiner Baumwolle bestehen. Je mehr Synthetikanteil, desto schlechter halten die Knoten. Die Firmen, die Ersatzsenkel anbieten, beachten dieses.«

Aber selbst mit derart schlüpfrigen Standardsenkeln lässt sich eine ziemlich sicher sitzende Schleife binden – mit der richtigen Technik. Schuhschleifenexperte Ian Fieggen erklärt: »Dass Schleifen sich lösen, liegt meistens am Knoten. Ich weiß das, weil ich einen besonderen Knoten nutze und meine Schuhschleifen nie einfach so aufgehen.«

Der häufigste Fehler beim Schuhbinden: Die Menschen wollen eigentlich eine Schleife mit einem Reff- oder Kreuzknoten binden (die würde recht sicher halten), machen aber aus Gewohnheit einen Altweiberknoten, der sich viel leichter löst. Der Mathematiker David J. Green, der sich mit der Knotentheorie beschäftigt, erklärt das so: »Der Reffknoten und der Altweiberknoten sehen sehr ähnlich aus, sind aber verschieden. Der herkömmliche Schnürsenkelknoten ist ein Reffknoten mit zwei Schleifen. Manche Leute haben aber aus Versehen gelernt, einen Altweiberknoten anstelle von einem Reffknoten zu binden.«

Den Unterschied beschreibt Ian Fieggen auf seinen Schnürsenkelwebseiten sehr ausführlich. Auf Diagrammen sehen Knoten zunächst sehr verwirrend aus, aber der Unterschied ist eigentlich recht simpel: Beim Altweiberknoten hat der erste Knoten dieselbe Orientierung wie der zweite, beim Reffknoten sind die gegensätzlich. Was das konkret heißt, erkennt man mit etwas Selbstbeobachtung. Ich binde zum Beispiele meine Schuhe intuitiv so: Linker Schnürsenkel über den rechten, dann ein Überhandknoten, dann links eine Schlaufe und den rechten Riemen hinten herum um diese.

Das ist aber der perfekte Altweiberknoten – zweimal links statt einmal links und einmal rechts. Die Lösung ist ganz einfach: Beim ersten Knoten nicht den linken über den rechten Schnürsenkel legen, sondern umgekehrt. Ian Fieggen hat auf seiner Webseite alle Methoden, einen Altweiberknoten zu binden, aufgelistet und um Vorschläge ergänzt, wie man diese seit Jahren Tag für Tag antrainierten Abläufe durch eine minimale Veränderung korrigieren kann.

Dass man Jahre lang nicht darauf kommt, als Kind die falsche Schleifentechnik gelernt zu haben, verblüfft viele Besucher von

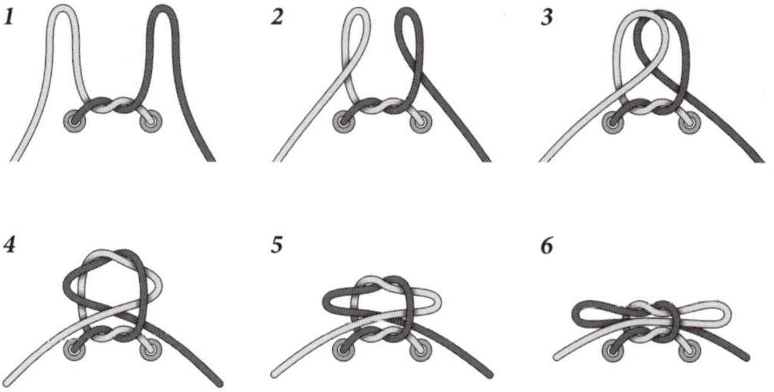

Wunderknoten: Der »Ian Knot« des australischen Informatikers Ian Fieggen soll besser halten als der gewöhnliche Schleifenknoten. (www.fieggen.com)

Fieggens Seite. Einige schreiben ihm dann E-Mails wie Martin aus den Niederlanden: »Was für eine Erleuchtung! Ich bin 31, und meine Schnürsenkel sind bis jetzt ständig aufgegangen. Nun weiß ich, warum.«

Um eine lang antrainierte Altweiberknotenroutine aufzugeben, muss man sich einige Tage lang sehr langsam und bewusst die Schuhe binden. Wer will, kann diese Mühe auch gleich investieren, um einen völlig anderen Schleifenknoten zu lernen. Ian Fieggen stellt auf seinen Seiten einige zur Auswahl, noch mehr findet man im Buch *A Mathematical Guide to the Best (And Worst) Ways to Lace Your Shoes* des Mathematikers Burkhard Polster.

Ian Fieggen schnürt seine Schuhe seit Jahren mit seiner Eigenentwicklung, dem »Ian-Knoten«. Fieggen zufolge ist der Knoten einer der sichersten, sieht ordentlich und symmetrisch aus, beansprucht das Material weniger und lässt sich – einmal gelernt – deutlich schneller binden als die herkömmliche Schuhschleife.

Fieggen: »Ich brauche ein Drittel der Zeit wie für einen gewöhnlichen Knoten.«

Wenn das stimmt, holt man die Zeit, die man braucht, um sich den Ian-Knoten anzutrainieren, im Rest seines Lebens sicher locker wieder auf. Das ist zwar noch mühsamer als sich einen Altweiberknoten abzugewöhnen, aber nach ein paar Tagen funktioniert das fast mit derselben Routine, mit der man jahrelang allzu lockere Schuhschleifen gebunden hat.

Eine schlechte Angewohnheit, die man unbedingt loswerden sollte. Denn wer will schon irgendwann in die unangenehme Situation kommen, im Museum über seine offenen Schnürsenkel zu stolpern und drei Mingvasen zu zerschmettern.

TIPP:

Wer nicht schnüren kann, hat drei Möglichkeiten: Weiter auf die Nase fliegen. Oder endlich richtige Knoten lernen – bei so einem Knotenkurs kann man ganz locker nebenbei noch einen Segelschein machen. Das Segeln lernt man in ein, zwei Extrastunden, die meiste Zeit geht fürs Knotentraining drauf. Sie können aber auch das Schnüren ganz bleiben lassen und schicke Sneaker mit Klettverschlüssen tragen. Erfunden hat den ein Schweizer. Aus blanker Not – wo kann man in den Alpen schon Segeln und Knoten lernen.

Technikärgernis Signalverzögerung

Digitales Deutschland jubelt deutlich später

Bei der letzten EM war es schon so, und bei der WM 2010 wird es garantiert nicht besser: Schon 2008 nervten die verzögerten Fernsehbilder übers digitale Antennen-TV ganz Deutschland. Digital-TV dominiert nun auch bei Kabel und Satellit. Die Signalverzögerung lässt das einheitliche Live-Erlebnis verschwinden.

Bei jedem EM-Tor geht diese akustische La-Ola-Welle durch mein Viertel: Erst jubeln die Öffentlichgucker am Heiligengeistfeld, dann die Gäste beim Italiener unten und zuletzt, aber am lautesten, mein Nachbar. Es scheint, dass er sich für alle Teams freut – in gleicher Lautstärke und immer zu spät. Wenn sein Gebrüll einsetzt, sehe ich dann meist auch das Tor – ein paar gefühlte Sekunden später als alle anderen Hamburger da draußen.

Ein Kollege berichtet ganz entsetzt, dass ihm die Zuschauer im Restaurant gegenüber jedes Tor mit ihrem Gejubel ankündigen, bevor er etwas davon sieht. Dabei habe er doch einen Kabelanschluss, das war zumindest bei der WM 2006 noch der schnellste Empfangsweg.

Das hat sich geändert. Denn nun wird das Signal des Kabelfernsehens von vielen Anbietern auch digital übertragen. Für alle Übertragungswege gibt es inzwischen Digitalstandards: Antenne (DVB-T), Satellit (DVB-S), Kabel (DVB-C).

Über Antenne und Satellit bekommt man heute fast nur noch digitale Fernsehsignale. Aber diese Modernisierung der Übertragungstechnik hat dem Live-Erlebnis geschadet statt genützt. Schon in der Vergangenheit war zu beobachten, dass das digitale Fernsehsignal über Antenne (DVB-T) die Fußballbilder deutlich später übermittelte als das analoge Kabelsignal.

Heute ist die Digitaltechnik im Fernsehbereich viel weiter verbreitet.

Nun wäre denkbar, dass alle Digitalgucker mit mehr Verzögerung schauen als zuvor. Der Vorteil: Wenn alle später die Tore mit derselben Verzögerung mitkriegen, merkt das keiner.

Aber so funktioniert das nicht bei modernen Übertragungsstandards. Im Gegenteil: Das Verzögerungsdurcheinander ist heute größer denn je.

Sven Hansen, Redakteur für Videotechnik beim IT-Fachmagazin *c't* beurteilt die Lage so: »Je weiter die Digitalisierung voranschreitet, desto weiter entfernen wir uns von einem einheitlichen Live-Erlebnis. Bis aus den digitalen Signalen ein Livebild wird, vergeht nicht nur deutlich mehr Zeit als beim alten Analogsignal – es vergeht vor allem bei jeder Geräte-Anbieter-Kombination ganz unterschiedlich viel Zeit.«

Denn bei digitalen Signalen beeinflussen sehr viele Faktoren die Verzögerung. Es beginnt bei den Fernsehsendern. Einige wenige arbeiten vollständig digital. Die meisten müssen analoge Signale vor dem Einspeisen noch konvertieren. Das braucht Zeit.

Und die Empfangsgeräte beim Zuschauer arbeiten die digitalen Signale dann noch einmal um – egal, ob das nun digitale Antennen-, Kabel- oder Satellitensignale sind. Die Daten werden entpackt, gepuffert, Algorithmen zur Fehlerkorrektur laufen ab – je nach Gerät geht das unterschiedlich schnell.

Das Ergebnis laut Hansen: »Welche Empfangsart am schnellsten, sozusagen am livesten ist, lässt sich heute nicht mehr pauschal sagen.« Der Kollege zum Beispiel, der überzeugt war vom Geschwindigkeitsvorteil des Kabelfernsehens, irrte. Bei der WM 2006 galt noch: Analoges Kabelfernsehen überträgt am schnellsten.

Heute empfängt man analoge Signale fast nur noch über das Kabel. Aber die sind nicht mehr am schnellsten. Denn viele Kabelkopfstationen empfangen heute die Fernsehsignale nicht per Direkteinspeisung, sondern wandeln digitale Satellitendaten um und geben die dann analog ins Kabelnetz. Fachredakteur Hansen: »Dann ist der Geschwindigkeitsvorteil natürlich verloren, den haben nur komplett analog arbeitende Verteilstellen.«

Fazit: Mit der ältesten Technik jubelt man bei der WM 2010 wahrscheinlich als Erster. Und wer keinen Uralt-Analog-Kabelanschluss mit komplett analoger Kopfstation hat, muss fürs überzeugendste Live-Erlebnis zum Öffentlichgucken – die Menschenmasse wird schon jeden verfrühten Freudenruf abblocken.

TIPP:

Fahren Sie mit einem Radio (und Ersatzbatterien!) raus, weit weg von allen Fernsehern, Großleinwänden, Frühjublern und Kabelkopfstationen, an einen möglichst einsamen See, wo das Spiel im Radio läuft. Nur für Sie.

Technikärgernis Einhebelmischer

Mischen impossible

Im Wechselbad: zu viel oder zu wenig, eisig oder kochend heiß – wer in der Dusche mit Einhebelmischern hantiert, duscht manchmal gefährlich. Dabei ist das Bedienkonzept eigentlich genial, nur die Umsetzung leidet an mieser Verarbeitung und der selten perfekten Sanitärwelt.

Das hat Alfred Moen sich anders vorgestellt: 1937 glaubte der Maschinenbaustudent die Lösung gegen unerwünschte Schwankungen der Wassertemperatur beim Händewaschen gefunden zu haben. Moen hatte sich wieder einmal beim Jobben in der Autowerkstatt die Finger verbrannt – an einem Waschbecken mit Kalt- und Warmwasserhahn.

Er drehte den Warmwasserhahn auf, und nach den ersten eisigen Litern kam das kochend heiße Wasser schneller als erwartet. Moen begann zu grübeln, zu zeichnen und war sich bald sicher: Die Bedienung über einen einzigen Hebel dürfte die unerwünschten Wechselbäder ein für alle Mal abschaffen.

70 Jahre später gehört die von Moen gegründete Einhebelmischerfirma zu einem Konzern, der jährlich Haushaltswaren für 4,5 Milliarden Dollar verkauft. Die von ihm erdachten Mischhe-

bel stecken weltweit in Duschen, hängen über Waschbecken und Badewannen, Einhandarmaturen sind Marktführer in Deutschland.

Nur die Wechselbäder sind noch immer gang und gäbe: »Wassermenge und Temperatur lassen sich nur miserabel regulieren – ein Korrekturversuch bedeutet oft Ausschalten, spritzende Fontänen, kochendes oder eiskaltes Wasser«, beklagt sich zum Beispiel der Grafikdesigner Arend Goens.

Der Einhebelmischer – eine Fehlkonstruktion? Kommt darauf an. Moens Bedienprinzip (Hebel nach oben = mehr Wasser, Hebel nach links = heißeres Wasser) ist genial, nur die Umsetzung manchmal mies. Und für viele Wechselbäder kann man gar nicht die Einhebelmischer verantwortlich machen – das an sich perfekte Bedienkonzept kommt eben nicht so gut mit der unperfekten Sanitärwelt zurecht.

Beim Kaltstart zum Beispiel: Warum dauert es bei manchen Duschen so lange, bis das Wasser so warm wie eingestellt aus dem Hahn kommt?

Schuld daran ist nicht die Armatur, sondern die Entfernung zwischen Wasserhahn und der zentralen Heizanlage. Erst muss das gesamte (womöglich abgekühlte oder eh kalte Wasser) im Rohr dazwischen ablaufen, bis das warme Wasser kommt. Sprich: Je länger die Leitung, desto länger wartet man. Hektisches Umschalten am Einhebelmischer bringt da gar nichts – im schlimmsten Fall kommt dann nach ein paar lauen Litern plötzlich viel zu heißes Wasser aus dem Duschkopf, wenn man den Hebel entnervt auf maximale Wärme gestellt hat.

Wer kennt das nicht? Beim Duschen wird das sorgsam auf eine angenehme Temperatur eingestellte Wasser schlagartig viel zu heiß oder eisig kalt, und jede kleine Korrektur am Einhebelmischer schlägt wenig später in das andere Extrem um – heiß wird eisig und so weiter.

Das kann mehrere Ursachen haben. Ältere Durchlauferhitzer zum Beispiel reagieren sehr feinfühlig auf Schwankungen des Wasserdrucks, erklärt Sanitärexperte Christian Meyer vom Do-it-yourself-Magazin *Selbst ist der Mann*: »Hydraulische Geräte, die sich nur bei hohem Wasserdruck einschalten, sorgen für Wechselduschen.«

Aus dem echten Leben

Das Problem ist, dass ich es kaum hinkriege, zivilisiert warmes Wasser zu entnehmen. Der Erhitzer springt offenbar erst bei einer bestimmten Durchflussstärke an. Eigentlich glaube ich nicht, dass es eine (vernünftige!) Lösung für mein Problem gibt, aber ich wollte mal jammern. Irgendwelche Um- oder Anbauarbeiten fallen übrigens aus, also bitte keinen Boiler als Puffer vorschlagen.
(ein Kaltduscher im Webforum mikrocontroller.net)

»Baden statt Duschen.«

»Du könntest beim Duschen zusätzlich das Heißwasser am Waschbecken etwas aufdrehen und damit für ausreichenden Wasserdurchlauf sorgen.«

Moderne, vollelektronische Durchlauferhitzer arbeiten unabhängig vom Wasserdruck, hier fließt immer Wasser mit der Temperatur heraus, die am Gerät eingestellt wurde. Diese Geräte machen dann allerdings den Einhebelmischer überflüssig – am genauesten steuert man die Temperatur bei diesen Geräten über die Fernbedienung, der Einhebelmischer steht dann am besten auf voll warm.

Ein anderer Grund für plötzliche Temperaturschwankungen: Wenn mehrere Nutzer gleichzeitig eine Wasserleitung anzapfen, schwanken Druck und Temperatur – lässt jemand in der Küche kaltes Wasser laufen, wird das Duschwasser im Bad plötzlich heißer. Dagegen hilft ein Thermostat, der plötzliche Temperaturschwankungen ebenso schnell ausgleicht. Allerdings haben in Deutschland nur knapp zehn Prozent der Haushalte einen Thermostat.

Gegen plötzliche Hitzewellen bei Druckabfall helfen auch sogenannte Druckausgleichssysteme, die in den Vereinigten Staaten vorgeschrieben sind.

Manchmal hakt's aber auch beim Einhebelmischer: Wenn der Hebel sich nur noch ruckartig bewegen und die Wassermenge in entsprechend großen Sprüngen (wenig – sehr viel) regulieren lässt, liegt das an Ablagerungen in der Armatur oder an schlechter Schmierung. Wie gut die Einhebelmischer verschiedener Hersteller im Inneren verarbeitet sind, verraten nur Testberichte.

Der deutsche Hersteller Grohe, die Firma verkaufte 1962 die ersten Einhebelmischer in Deutschland, verweist zum Beispiel stolz auf einen Dauergebrauchstest des TÜV Süd – den allerdings Grohe selbst in Auftrag gegeben hat. Die TÜV-Prüfer haben neun Einhebelmischer von Bedienrobotern 210.000-mal ein-

und aus- und 140.000-mal von warm auf kalt stellen lassen. Das für den Hersteller höchst erfreuliche Ergebnis bei Testende: Für den Grohe-Griff braucht man beim Öffnen und Temperaturregeln am wenigsten Kraft.

Einhebelmischer: In der Mittelstellung ist das Wasser lauwarm, doch es wird zu gleichen Teilen heißes und kaltes Wasser gemischt – Energieverschwendung beim kurzen Händewaschen. Ausschließlich kaltes Wasser zieht der Einhebelmischer nur in dieser Stellung.

Ein Problem vieler Einhebelmischer ist der Wasserverbrauch. Gerade Hebel mit einem arg kurzen Öffnungsweg werden meist extrem dosiert – ganz auf oder ganz zu. Inzwischen bauen Hersteller auch Modelle mit einem Widerstand in der Mittelstellung ein, der Hebel wird zwischendurch ausgebremst, wer mehr Wasser will, drückt weiter.

Deutlich schwieriger ist es, die Warmwasserverschwendung anzugehen: Einhebelmischer stehen meistens in Mittelstellung, mischen also zu gleichen Teilen warmes und kaltes Wasser. Die meisten Nutzer lesen das aus dieser Bedienstellung allerdings nicht ab und drehen den Hebel beim Öffnen direkt nach links. Das Heimwerkermagazin *Selber Machen* kritisierte diese Einstellung: »Dadurch wird unnötig Energie verschwendet, denn beim kurzen Händewaschen gelangt das heiße Wasser nicht mal bis zum Auslauf. Es erwärmt nur die Leitung.«

Eine Lösung sind Einhebelmischer, die bei Mittelstellung nur kaltes Wasser durchlassen. Das Problem dabei: Der Weg des Hebels zum Mischen ist halb so lang wie sonst und die Dosierung entsprechend weniger genau.

Einhebelmischer leiden an einer unperfekten Welt. Der deutsche Einhebelpionier Grohe erklärt: »Unzureichende Planung, wie zum Beispiel die Größe des Warmwasserspeichers, der Rohrweg bis zur Armatur oder mehrere Zapfstellen, die an einer Wasserzufuhr hängen, kann auch die modernste Technologie nicht vollständig ausgleichen.« Der Einhebelmischer ist das letzte Glied in der Installationskette – so wunderbar die Idee auch ist, die Umsetzung wird immer an der Realität leiden.

Alfred Moen hat die Bedeutung seiner Erfindung immer pragmatisch eingeschätzt. Auf entsprechende Anfragen ließ er 2001 die *New York Times* wissen: »Ich habe nicht das Penicillin erfunden.«

TIPP:

Sollten Sie zu den 0,09 Prozent (Quelle: Lebenserfahrung) der Deutschen mit funktionierendem Einhebelmischer gehören – machen Sie etwas draus! Laden Sie Freunde und Bekannte zum Probeduschen ein, für die Zehnerkarte können Sie locker 20 Euro verlangen. Besitzer eines nur sporadisch funktionierenden Einhebelmischers sollten hingegen end-

lich mal was für ihr Image tun und darauf hinweisen, wie sehr sie die Ökobilanz aufbessern. Sechs Minuten täglich soll der Durchschnittsdeutsche duschen? 30.000 Liter Wasser verbrauchen? Das gilt wohl kaum für Wechselduscher, die jeden Morgen halb erfroren und an anderer Stelle halb verbrüht so schnell es geht aus der Dusche stürzen. Hinter den sechs Durchschnittsminuten verbergen sich halbstündige Duschorgien von Privilegierten mit Luxus-Einhebelmischer und sehr viele, sehr kurze Wechselbäder. Erste Stimmen an der grünen Basis fordern, die Ökosteuer auf funktionierende Einhebelmischer auszuweiten und die Wechselbadarmaturen mit Ökoprämien zu fördern. Die Hälfte soll das Gesundheitsministerium finanzieren – heißkalte Duschen sparen nicht nur Wasser, sie sind ja bekanntlich auch gesund.

Technikärgernis Akkuchaos

Ein Koffer voller Batterien

Früher trieben Standard-AA-Batterien alles an: Walkman, Minidisc-Rekorder, Diktiergerät, Digitalkamera. Heute braucht fast jedes Gerät Batterien im Spezialformat. Im Urlaub schnell Ersatz kaufen? Da findet man schneller eine neue Kamera.

Der Weiterflug ist gestrichen, der Koffer irgendwo für mich unerreichbar unterwegs – plötzlich 18 Stunden Zwangsfreizeit in New York, ausgestattet mit einer Zahnbürste der Fluggesellschaft und meinem Fotohandy. Immerhin. Wunderbare Gelegenheit, einmal die Stadt zu sehen und viele Fotos zu machen.

Theoretisch. Denn nach ein paar Stunden ist Schluss mit Knipsen und Telefonieren – der Akku des Mobiltelefons ist leergesaugt, das Ladegerät mit dem Koffer verschollen. Den Rest des Tages wurden dann vor allem New Yorker Elektro- und Fotoläden besichtigt. Ergebnis: Es gibt überall die Mignon- und Mikrobatterien zu kaufen, die vor Jahren auch in Deutschland fast jeden Walkman, Minidisc-Abspieler und auch viele der ersten Digitalkameras angetrieben haben. Einen Akku für mein Nokia-Handy habe ich hingegen nirgends gefunden, ein Ladegerät auch nicht.

Früher war nicht alles besser – die Akkuauswahl aber ganz sicher, da kleiner: Für Mobiltelefone und Digitalkameras baut jeder Hersteller seine eigenen Akkumodelle. Die sind oft sogar ähnlich groß, passen aber dennoch nicht in die Geräte anderer Hersteller, ja nicht mal in andere Gerätemodelle derselben Firma.

Bei Nokia gab es im Jahr 2008 allein für die zu der Zeit 50 im Handel vertriebenen Mobiltelefone 21 verschiedene Akkutypen. Kein Wunder, dass man bei dieser Vielfalt im Urlaub nicht mal eben Ersatz kaufen oder die Batterien aus der Kompaktkamera ins Mobiltelefon stecken kann.

Der Unterschied: Die alten, runden Batterien und Akkus, die früher in fast alle Unterwegsgeräte passten und heute noch überall zu kaufen sind, waren genormt. Das American National Standards Institute (ANSI) gab die Größe vor – mehr als ein halbes Jahrhundert ist das her. 1947 definierte das ANSI eine Standardgröße und -spannung für die sogenannten AA-Zellen, auch als Mignonbatterien bekannt.

Diese Norm und ein paar andere Vorgaben für Batteriegrößen machte die Internationale Elektrotechnische Kommission (IEC) weltweit zum Standard. In Deutschland hat das Institut für Normung (DIN) sie übernommen.

Seither ist die Anzahl und Vielfalt akkubetriebener Geräte explodiert (Laptops, Digitalkameras, Mobiltelefone, Navigationsgeräte) – neue Standards für Akku- und Batteriegrößen gibt es nicht.

Die kann ein Institut wie das DIN auch nicht einfach so erlassen, da müssen sich die Vertreter der Hersteller einigen. DIN-Sprecher Peter Anthony sagt dazu: »Die Normung der Schnittstellen bei Netzteilen und Ladegeräten ist in der Tat seit Langem ein Ziel unseres Verbraucherrats.«

Schon im Juni 2006 hat dieses Gremium einen eigenen Normungsvorschlag veröffentlicht – für, so der Titel: »Schnittstellen von Batterieladegeräten und akkubetriebenen Alltagsgeräten für Verbraucher«.

Akkuchaos: Die guten alten AA- und AAA-Zellen sind harmlos im Vergleich zum Wirrwarr bei Mobiltelefonen – jedes Modell braucht seinen Spezialakku.

Ihren Vorschlag begründen die Verbrauchervertreter so: »Die vollständige Individualisierung der Schnittstelle zwischen Ladegerät und akkubetriebenem Alltagsgerät hat zu einer unüberschaubaren Vielfalt von nicht kompatiblen Bauteilen geführt. Dieser Umstand ist kostenintensiv, führt zu tonnenweise elektronischem Abfall, verhindert eine Vereinfachung der Entsorgung und des Recyclings.«

Das stimmt zwar alles – aber neue Akkustandards wird es wohl trotzdem nicht so bald geben. Nokia erklärt beispielsweise: »Eine Standardisierung hat hier wenig Sinn, da die Bauform sowie die Leistungskapazität eines Akkus dem Funktionsumfang und dem Gerätedesign folgt, und nicht andersherum.« Abgesehen davon würden Nokia-Akkus strengen Tests unterzogen – »eine Standardisierung würde hier schwer umzusetzen sein«.

Auch Kamerahersteller Sony winkt ab. Das Verhältnis von Akkutypen und Modellen ist etwas besser als bei Nokia – auf zwölf Kameramodelle kommen 2008 nur vier neue Akkutypen. Auch Sony argumentiert, dass so viel Akkuvielfalt einfach sein müsse: »Form und Größe unserer Akkus werden durch die Kamerabauform, die Leistung und technischen Anforderungen der Kameraelektronik bestimmt.«

Schon klar: Weil die Geräte immer kleiner werden sollen, schrumpfen die Akkus mit. Und natürlich braucht ein Multimediahandy mit Xenonblitz und GPS mehr Strom (und einen dickeren, teureren Akku) als ein Simpeltelefon, das weniger kann, weniger kostet und weniger wiegt.

Einen Einheitsakku für alle Unterwegsgeräte, wie es vor vielen Jahren die AA-Zellen waren, wird es wohl nicht mehr geben. Bernd Theiss, Technikchef beim Fachmagazin *connect*, begründet das so: »Mein MP3-Player ist kaum größer als ein Handyakku, da ist der Akku natürlich fest eingebaut. Und meine Digitalkamera ist so groß, dass ein dicker, handyuntauglicher Akku nicht stört, aber die nötigen Ausdauerreserven bringt.«

Trotzdem: 21 Akkutypen für 50 Gerätemodelle – muss wirklich so viel Vielfalt sein? Und ist es wirklich unvermeidbar, dass die Akkus einer digitalen Kompaktknipse von Sony nicht in ein

Panasonic-Modell passen, dass überhaupt kaum ein Kompaktakku in andere Kameras passt? Etwas Vielfalt ist technisch bedingt – totales Chaos muss aber nicht sein.

Horst Gottfried, Technikexperte beim Fachmagazin *Colorfoto*, erinnert daran, dass bei Kameras schon in der Analog-Ära verschiedene, manchmal nicht standardisierte Akkutypen genutzt wurden: »Da gab es schon zig Sorten Knopfzellen, später wegen leistungshungriger Extras wie Blitz und Motorzoom drei Typen von Lithiumzellen.«

Gottfried urteilt: »Solange aber unterschiedliche Akkutypen aus technischen Gründen bedingt sind, sehe ich das gelassen. Ärgerlich wird es, wenn verschiedene Kamerahersteller einen technisch baugleichen Akkutyp verwenden, aber dann die Kontakte anders platzieren, damit nur die eigenen Akkus in Kamera und Ladegerät passen.«

Gottfried glaubt folglich nicht daran, dass die Hersteller irgendwann einen Akkustandard für Digitalkameras etablieren werden: »Die wollen sich das lukrative Akku-Zusatzgeschäft doch nicht nehmen lassen.«

Wer also ohne Ladegerät und mit ausgelaugtem Digitalapparat in einer Stadt strandet, kann entweder alle Elektroläden besichtigen, gleich eine neue Digitalkamera kaufen (und dann stundenlang aufladen) oder einfach eine Einwegkamera mit Film nehmen. Die gibt es zuhauf in all den Läden, die AA-Batterien führen. Analog schlägt digital – manchmal.

TIPP:

Planen Sie beim Verreisen ein Extra-Gepäckstück für die notwendigen Elektroteile ein. So ein Koffer voller Akkus hat auch Vorteile: Man kann

sich zum Beispiel eine Spielzeugkiste im Reisegepäck sparen – die Handyakkus ersetzen wunderbar Bauklötze, außerdem können Sie mit der ganzen Familie überall Akku-Memory spielen. Einfach Typenschilder auf den Akkus überkleben, ordentlich mit allen akkubetriebenen Geräten vermischen und dann Paare suchen. Spaß – stundenlang! Nur fotografieren können Sie sich dabei nicht.

Technikärgernis Magnetstreifen

Das Einsteckrätsel EC-Karte

Wie herum kommt die EC-Karte in den Automaten? Es gibt vier Einsteckvarianten, aber die meisten Automaten akzeptieren nur eine. Selbsterklärende Piktogramme sind selten – egal ob an Bank-, Park- oder Fahrkartenautomaten.

Magnetstreifen unten rechts, oben links, schräg oben rechts – beim Zigarettenholen am Automaten um die Ecke arbeite ich regelmäßig in zehn Minuten drei Einsteckvarianten meiner EC-Karte ab. Die erste am Eingang zum Schalterraum der Bank, die zweite am Automaten zum Aufladen der Geldkarte, die dritte am Kippenspender. Zehn Minuten sind eine gute Zeit für den Parcours. Das hat gedauert – nach ein paar Monaten Training wähle ich auf Anhieb bei jedem Kartenschlitz die einzig richtige von vier Einsteckmethoden.

Das ist ohne Rumprobieren gar nicht so einfach: Am Kartenschlitz der Schalterhalle fehlt zum Beispiel ein Piktogramm. Wie herum kommt die Karte rein? Experimentieren! Am Geldautomaten zeigt ein Bildchen, dass die EC-Karte mit dem Chip nach vorne und oben in den Automaten soll. Das Problem dieser Bedienungshilfe: Bei EC-Karten ohne Chip (ich habe vor ein paar Wochen erst wieder so eine bekommen) hilft das Piktogramm überhaupt nicht weiter.

Eine Kleinigkeit, ein Miniärgernis, mit dem man sich jede Woche vielleicht ein paar Sekunden herumschlägt. Nur: Warum ist es so schwierig, dieses winzige Bedienungsproblem ein für alle Mal zu lösen? Nach entsprechenden Studien weisen Experten für benutzerfreundliche Gestaltung schon seit Jahren darauf hin, dass viele Kartenschlucker miserabel zu bedienen sind.

Torsten Kiefer von der Usability-Beratungsfirma SirValUse erzählt: »In der Vergangenheit haben wir bei Tests wiederholt erlebt, dass die Piktogramme, welche die korrekte Einführung der Magnetkarte unterstützen sollen, nicht intuitiv verständlich und häufig sogar sehr verwirrend sind.«

Und warum braucht man für EC-Karten überhaupt eine Einführungsanleitung? Würde der Magnetstreifen nicht so merkwürdig versetzt am Rand der Karte, sondern einfach in der Mitte liegen, gäbe es statt vier nur zwei Möglichkeiten, die Karten in Automaten zu stecken.

Dummerweise ist die ungünstige Lage des Magnetstreifens seit Jahrzehnten international genormt (ISO-Standard 7811). Die komische Position am Rand habe »historische Gründe«, erklärt man beim Bundesverband deutscher Banken. Eine andere Positionierung sei »aus Gründen der weltweiten Kompatibilität« nicht möglich. Klar – bei Millionen von Automaten und Karten, die nach dem alten Muster gebaut sind.

Warum der Magnetstreifen eigentlich da gelandet ist, wo er heute nervt, kann keiner der Experten eindeutig erklären. Stefan Ille, Entwicklungschef beim deutschen Parkautomatenriesen

Designa, vermutet, der Grund ist die Gestaltung der alten Kreditkarten mit eingeprägten Zahlen.

Die mittig eingestanzten Kreditkartennummern wurden früher, lange bevor es Magnetstreifen gab, beim Zahlen mit Kartenabdruckgeräten auf Papierbelege übertragen. »Man musste mit der Einführung des Magnetstreifens natürlich dafür sorgen, dass dieser nicht mit der Position dieser Prägung kollidierte, um Beschädigungen zu vermeiden. Daher wohl die asymmetrische Anordnung.« Das Fazit des Ingenieurs Ille: »Das hat wie so viele Krücken, mit denen wir uns alltäglich herumschlagen, historische oder, modern ausgedrückt, Kompatibilitätsgründe.«

Kartensymbolik: Irgendwas muss nach unten, sagt dieses Piktogramm. Werfen Sie doch einfach Münzen ein!

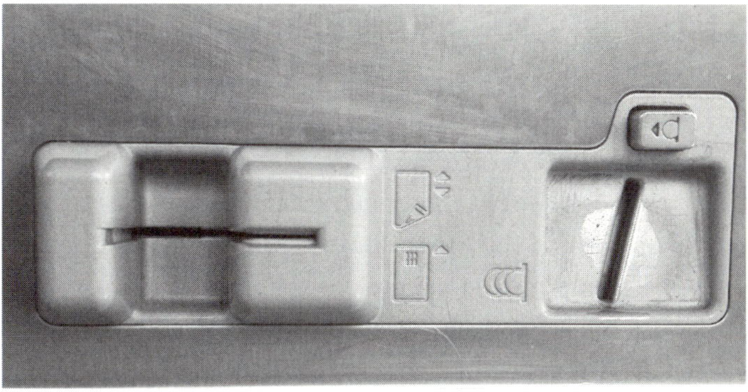

Der Magnetstreifen ist also denkbar dämlich standardisiert, weil in einer Zeit, als es kaum Geldautomaten, aber noch die Sowjetunion gab, jemand die Kreditkartennummer mittig auf Plastikkärtchen prägte. Einen Standard, wie die Karten in den Automaten kommen, gibt es aber bis heute nicht.

Wenn man also schon die Gestaltung der Karten nicht mehr ändern kann und sich – warum auch immer – kein Einsteckstandard finden lässt, könnte man vielleicht bei den Lesegeräten in den Automaten etwas machen. Schließlich kann man ja in vielen Parkhausautomaten die Parktickets mit den Magnetstreifen auf jede erdenkliche Art einstecken, ohne dass eine Fehlermeldung erscheint. Die Lesegeräte haben einfach mehrere Leseköpfe – für jede Einsteckvariante einen.

Theoretisch ginge das bei EC-Karten auch. Nur: Das wäre arg teuer. Designa-Entwicklungschef Ille rechnet vor: »In absoluten Zahlen ausgedrückt bedeutete das in etwa einen Mehrpreis von 250 bis 400 Euro pro Gerät – und das wären reine Herstellungskosten.«

Der Grund dafür: Der Magnetstreifenstandard ISO-7811 schreibt nicht nur die dämliche Randposition des Streifens vor, sondern auch drei einzelne Magnetspuren, auf denen die Daten in zwei verschiedenen Aufzeichnungsdichten gespeichert und gelesen werden. Die Folge: Ein Lesekopf für EC-Karten ist relativ teuer, da er drei Spuren lesen muss (auf Parkhaustickets gibt es nur eine). Um alle vier Einsteckvarianten einer EC-Karte abzudecken, wären vier dieser teuren Leseköpfe nötig.

Es ist das alte Henne-Ei-Problem: Würde man die EC- und Kreditkarten neu gestalten, müssten zeitgleich alle Automaten umgestellt werden. Und umgekehrt.

Das wird nie passieren, bleiben also intuitiv verständliche Piktogramme als Notlösung. Aberwitzig dabei ist, dass es für die Gestaltung der Einsteckhilfen keinen Standard gibt. Da können Automatenbauer, Banken und Betreiber Bildchen und Hinweistexte gestalten, wie sie wollen.

Über dieses Anleitungschaos schrieb die Psychologiestudentin Johanna Cuno ihre Diplomarbeit an der Humboldt-Universität zu Berlin. Sie hat alle Varianten der Kartenpiktogramme gesehen: Bildchen überm Kartenschlitz, auf denen man die Karte von unten sieht, Bildchen neben dem Kartenschlitz, die eine EC-Karte gleichzeitig von unten und von oben zeigen.

Cunos generelle Erfahrung: »Bei Geldautomaten gibt es teilweise schon recht gute Abbildungen. An Fahrkartenautomaten sind dann oftmals gar keine oder noch weit schlechtere Abbildungen vorhanden.«

Bei ihren Laborversuchen mit simulierten Kartenlesern fand Cuno heraus, dass Abbildungen oberhalb des Kartenschlitzes am schwierigsten zu interpretieren sind. Komisch: Warum hat meine Bank nicht verstanden und umgesetzt, was eine Psychologiestudentin in ihrer Diplomarbeit entdeckt hat?

Das klingt absurd, überrascht aber kaum. Schließlich halten sich alle Hersteller von Magnetkartenlesern an einen Baustandard, der beim Einstecken denkbar benutzerunfreundlich ist, haben es aber bislang nicht geschafft, sich auf eine einheitliche Einsteckvariante oder auch nur allgemeingültige Piktogramme zu einigen.

Ein Armutszeugnis.

TIPP:

Wenn Sie auch nach Monate langem Geldabhebetraining immer noch Probleme haben, auf Anhieb Scheine aus dem Bargeldspender zu ziehen – fahren Sie besser nie nach Großbritannien oder Japan. Sie haben höchstwahrscheinlich eine sogenannte Rechts-Links-Schwäche. Gehirnforscher streiten, ob diese Beeinträchtigung angeboren ist oder

bei Risikogruppen (Barzahler) durch wiederholte Konfrontation mit den Piktogrammen an Geldautomaten provoziert wird. Ist die Rechts-Links-Schwäche einmal ausgebrochen, auf gar keinen Fall in Staaten mit Linksverkehr reisen. Denn beim Überqueren von Straßen hat man nur einen Versuch, anders als bei Geldautomaten.

Technikärgernis Klebeschild

Wenn Etiketten zu gut kleben

Kratzen, Knibbeln, Ärgern: Penetrante Preisschilder haften auf Büchern, DVDs und sogar Pastatellern. Die Klebeetiketten liest man bloß einmal, wird sie aber nur ganz schwer wieder los – mit Hausmitteln wie Butter, Zitronensaft oder Reinigungsbenzin.

Ein Buch, zwei Aufkleber: Auf das Cover seines immerhin 40 Euro teuren Ratgebers zur Digitalkamera Nikon D 60 hat der Verlag gleich zwei Werbe-Bapperl gepappt. Wer sich das Buch kauft, will nicht unbedingt die hässlich gesetzten Reklamesprüche »100%« und »Buchtipp« für immer darauf sehen. Da beginnt der Ärger: Der kleinere Aufkleber lässt sich leicht abziehen, der größere (Steckdosendurchmesser!) nur mühsam – Papierfetzen für Papierfetzen. Nach viel Knibbeln und Kratzen bleibt ein klebriger Schmierfilm auf dem Buch.

Ein Aufkleber geht ab, der andere hinterlässt auf derselben Oberfläche eklige Klebereste und Papierfetzen. Nicht nur auf Büchern – eine Websuche nach dem Hilferuf »Etiketten entfernen« zeigt, wo überall hartnäckige Aufkleber lauern: auf Pastatellern, Weingläsern, Spiegeln und Waschbecken.

Theoretisch könnten all diese Bapperl in ein paar Sekunden ohne Rubbeln, ohne Reißen, ohne Klebereste abzuziehen sein. Klemens Ehrlitzer, Chefredakteur des Fachmagazins *Etiketten-Labels* und Geschäftsführer des Verbands der deutschen Hersteller selbstklebender Etiketten (VskE) urteilt: »Es gibt für fast alle Oberflächen Kombinationen von Klebstoff und Etikettenmaterial, die sich leicht und völlig rückstandslos entfernen lassen.«

Wie fest ein Etikett klebt und wie viel Knibbelei zum Entfernen nötig ist, hängt von drei Faktoren ab:

- Oberfläche: Mit glatten Oberflächen wie Glas oder Metall kann sich Haftkleber sehr gut vernetzen, wie Klebeprofis das nennen – besser als mit rauen wie etwa unbehandeltem Holz. Sprich: Je glatter die Oberfläche, desto fester klebt das Etikett.

- Etikettenmaterial: Papier reißt beim Abziehen eher als Kunststoff, dünnes Papier eher als dickeres. Und natürlich reagieren Klebstoffe ganz unterschiedlich mit verschiedenen Etikettenmaterialien. 70 Standardsorten hat zum Beispiel allein der Etikettenhersteller Herma im Angebot

- Klebstoff: Etiketten können mit Schmelzklebstoffen (haften bei Raumtemperatur gut und immer weniger, je heißer sie werden), aber auch mit lösemittelbasierten oder anderen Klebern befestigt werden – je nach Zusammensetzung dringt der Klebstoff in das Material ein und zerstört die Oberfläche, um permanent kleben zu bleiben oder eben nicht. Die Vielfalt bei Klebstoffen ist etwas geringer als beim Etikettenmaterial: 30 Sorten gibt es bei Herma im Standardsortiment.

Wie fest ein Etikett sitzt, folgt daraus, wie Kleber und die beiden aneinandergepappten Stoffe miteinander reagieren. Wird einer der Stoffe gegen etwas anderes ausgetauscht, kann es durchaus sein, dass ein Etikett plötzlich stärker klebt als geplant.

Wie es zu solchen Missgeschicken kommen kann, beschreibt der Bochumer Etikettenhersteller Bizerba so: »Der Kunde wechselt die Folie, mit der sein Produkt verpackt ist. Ist die neue Folie poröser, dringt der Klebstoff plötzlich ein und haftet aggressiver als zuvor. Oder die Druckerei ändert ihren Lieferanten und testet die neuen Etikettenmaterialien nicht auf dem Verpackungsmaterial.«

Aus dem echten Leben

Habe im Schlussverkauf ein paar hübsche Pastateller ergattert. Aber die Etiketten darauf sind hartnäckig. Was empfehlt ihr mir?
(Etikettengeschädigter in einem Webforum)

»Aufkleber entfernen geht auch gut mit Kaltreiniger, den man z. B. zum Reinigen von Automotoren o. Ä. in der Sprühflasche bekommt. Greift auch Kunststoff in der Regel nicht an. Denke wirkt ähnlich wie Benzin, hat aber noch Zusatzstoffe zum besseren Lösen drin.«

»Mit Hochdruckreiniger entfernen.«

»Um Etiketten zu entfernen, nimmt man Etikettenentferner.«

Solche Fälle von aus Versehen viel zu gut klebenden Etiketten kommen vor, sind aber sicher nicht die Regel. Wenn Etiketten verdammt gut kleben, ist das oft beabsichtigt. Wie früher, als auf Produkten noch Preisetiketten klebten. Die hafteten besonders gut, hatten zudem einen gewellten Rand und zwei eingestanzte Sollrissstellen – eine Sicherheitsmaßnahme gegen Umetikettierer, die teuren Waren Preisschilder günstigerer Produkte aufpappten. Heute kleben solche Etiketten mit Klammerkleber als eine Art Siegel auf DVDs, Softwarepaketen oder Medikamenten, um zu signalisieren, ob die Verpackung geöffnet wurde.

Nutellawerbung: Ein hässliches Bapperl verunstaltet den weißen Deckel – zum Glück verschenkt man Brotaufstrich so selten.

Abgesehen von ungeplanten chemischen Reaktionen und beabsichtigtem Schutz durch superhaftende Etiketten ist der wohl am häufigsten geltende Grund für Knibbelaufkleber schlicht

Geiz. Bei Bizerba erklärt man: »Etiketten, die sich rückstandslos entfernen lassen, sind um einiges teurer als die permanent haftenden – das liegt am verwendeten Klebstoff, der einfach für den permanenten Einsatz günstiger ist.«

Die Folge, laut Klemens Ehrlitzer vom Etikettierer-Verband: »Am Ende entscheidet der Hersteller oder Abfüller eines Produkts über die Verpackung. Und die entscheiden sich oft für die günstigeren Etiketten.« Dass die dann schlechter abzulösen sind, werde »in Kauf genommen«. Diese Einsparungen an der Verpackung sieht Ehrlitzer als »Hauptgrund dafür, dass es immer noch Etiketten gibt, die man mühsam abknibbeln muss«.

Welche Methode hilft zuverlässig, wenn man Nervetiketten abknibbeln muss, weil der Hersteller am Kleber gespart hat? Das lässt sich so einfach nicht beantworten – denn einem Etikett sieht ein Laie kaum an, ob es nun mit Schmelz-, Dispersions- oder sonst einem Klebstoff befestigt ist.

Also erst mal die milden Methoden ausprobieren, rät Klemens Ehrlitzer: »Beim Ablösen helfen in den meisten Fällen die beiden Methoden Wasser und Seife oder Erwärmen. In den Fällen, wo das nicht hilft, muss man die diversen Tricks durchprobieren.«

Über Methoden zur Etikettenentfernung wird im Internet ungefähr so gern debattiert wie über Star Trek oder Katzenpflege. Experten empfehlen da selbst erprobte Hausmittelchen wie Reinigungsbenzin, Zitronensaft und Orangenöl, aber auch exotischere Helfer kommen zum Zug:

- Butter (»über Nacht einweichen lassen, am nächsten Tag kann man alles abreiben«)
- Dispersionsentferner (»hat mir ein erfahrener Malermeister empfohlen«)

- Nagellackentferner (»geht immer, und den hat man auch zu Hause«)
- Tesafilm (»gut festreiben und dann mit einem raschen Ruck abziehen«)

Was davon hilft, können auch die Etikettenhersteller nicht pauschal sagen. Ihr Rat: vorsichtig rumprobieren.

Expertentipps gegen Knibbelkleber

Claudia Gross, Leiterin der Unternehmenskommunikation des Etikettenherstellers Bizerba
Was hilft, hängt sehr vom Klebstoff ab. Generell kann man sagen: Entweder Klebstoffentferner verwenden oder aber das Etikett erwärmen, das macht den Klebstoff dünnflüssiger und flexibler.

Sven Schneller, Geschäftsführer des Etikettenherstellers Herma
Die meisten Hausmittelchen haben leider den einen oder anderen unerwünschten Nebeneffekt. Dort ist Vorsicht geboten. Nagellackentferner greift zum Beispiel oftmals aggressiv Oberflächen an. Wir haben deshalb einen Etikettenentferner entwickelt. Er basiert auf speziellen Ölen, die den Haftkleber unterwandern und ihn damit schonend lösen. Wer unbedingt auf Hausmittel schwört, sollte noch am ehesten zu Reinigungsbenzin oder Orangenöl grei-

fen. Dabei ist nach unserer Einschätzung das Risiko von Nebenwirkungen am geringsten, wenn auch nicht ganz auszuschließen. Wichtig ist dabei: Diese Empfehlungen gelten ausschließlich für Papieretiketten. Folienetiketten, wie sie zum Beispiel als Typenschilder Verwendung finden, sind damit in vielen Fällen nicht zu lösen. Hier sollte man auch nicht mit Gewalt versuchen, das Etikett zu entfernen.

Stefan Schulz, Marketing Communications Manager des Etikettenherstellers Brady
Bei den meisten Preisauszeichnungsetiketten hilft Erwärmen, beispielsweise mit einem Föhn, oder längeres Einweichen in Wasser. Das hängt immer davon ab, was für eine Klebstoffart verwendet wurde. Von der Verwendung von acetonhaltigen Nagellackentfernern oder anderen gesundheitsgefährdenden Stoffen raten wir ab, obwohl damit das gewünschte Ergebnis eintreten kann. Wir empfehlen Etikettenlösersprays, die beispielsweise in Baumärkten erhältlich sind. Bei den Schmelzklebern ist aber der Wärmetrick und bei den Dispersionsklebestoffen das Einweichen in Wasser, neben den Etikettenlösersprays, hilfreich. Hier muss man einfach ausprobieren, mit welcher Variante sich das Etikett am leichtesten ablösen lässt. Falls es sich nicht um ein Papieretikett handelt, sollte man den Rand etwas lockern, damit das Lösungsmittel besser zum Klebstoff gelangen kann.«

TIPP:

Lassen Sie andere die Etiketten abknibbeln – die Verkäufer im Laden zum Beispiel. Sie können zugucken und sich jede Sekunde mehr darüber freuen, dass Sie das nicht machen müssen. Umso mehr, wenn beim Abknibbeln etwas kaputtgeht, der Buchumschlag reißt, der Teller zerkratzt. Wenn das oft genug passiert, nehmen die Warenhausketten vielleicht gar keine Produkte mehr mit hartnäckigen Etiketten ins Sortiment. Oder sie stellen die Menschen, die in der Adventszeit Waren einpacken, den Rest des Jahres über als Entpacker ein.

Technikärgernis Tabellenkalkulation

So falsch rechnet Excel

16-stellige Zahlen überfordern Excel. Ab der 15. Ziffer setzt das Programm Nullen ein – da arbeiten sogar Gratisrechner von Google und aus dem Windows-Zubehör exakter. Aber damit nicht genug: Die Macken von Microsofts Rechensoftware sorgen auch für Phantomschaltjahre und Wochentagschaos.

Millionen Unternehmen, Behörden und Freiberufler auf der Welt kalkulieren ihre Rechnungen, Stundenzettel und Budgetpläne mit Microsofts Tabellenkalkulation Excel. Irgendwie scheint das alles einigermaßen hinzuhauen. Nur wenn Redakteure für ein Quiz die Lösungen der Kopfrechenmeisterschaft mit Excel nachkalkulieren, geht das schief. Warum ist das so?

Ganz einfach: Weil Excel achtstellige Zahlen nicht fehlerfrei multiplizieren kann. Bei der Aufgabe, 29513736 mit 92842033 zu multiplizieren, gab das Programm als Ergebnis 2740115251665290 aus. Nur: Microsofts Exel (Teil des Office-Pakets, Kostenpunkt je nach Lizenz: 100 bis 800 Euro) lag knapp daneben. Excel hat sich verrechnet – das korrekte Ergebnis ist etwas kleiner, nämlich 2740115251665288, also zwei weniger.

Der Grund: Die Lösung hat 16 Ziffern – eine zu viel für Microsofts Rechensoftware. Denn Excel kann in diesem Fall nur 15 Ziffern darstellen, setzt ab der 16. Ziffer Nullen ein und rundet.

Kurioserweise macht Microsofts Gratistaschenrechner aus dem Windows-Zubehör diesen Fehler nicht. Er liefert das korrekte, 16-stellige Ergebnis. Genauso exakt arbeitet Googles kostenlose Online-Tabellenkalkulation namens Google Spreadsheets.

Auch beim Kalenderrechnen schlagen Kopfrechner und Gratisprogramme Excel. Kopfrechenkünstler brauchen weniger als eine Minute, um zu berechnen, welcher Wochentag zum Beispiel der 29. Mai 1842 war.

Excel scheitert an dieser Aufgabe komplett. Es gibt zwar die schöne Excel-Funktion zum Berechnen von Wochentagen =WOCHENTAG (DATUM) – nur funktioniert die nicht bei Datumsangaben vor 1900. Denn Excel erkennt Datumsangaben vor 1900 überhaupt nicht als solche, wie eine Flut von Hilferufen in Excel-Diskussionsforen dokumentiert. Microsoft erklärt den Hintergrund in einem Hilfetext so: »Excel speichert Datumsangaben als fortlaufende Zahlen, damit sie für Berechnungen verwendet werden können.« Und »standardmäßig« beginnt diese Excel-Zeitrechnung mit dem 1. Januar 1900 – der hat die Excel-Tageszahl 1. Der 1. Januar 2009 ist in der Excel-Notation 39814 – denn dieser Tag liegt 39813 Tage hinter dem 1. Januar 1900.

Das klingt ein wenig wie die Sternzeit aus Star Trek, allerdings fehlte dieser Science-Fiction-Zeit jede zuverlässig nachvollziehbare Systematik. Ärgerlich an der Excel-Zeitrechnung: Die Software erkennt keine negativen Tageszahlen an – Tage vor dem Nullpunkt 1900 existieren also nicht.

Völlig absurd erscheint die Excel-Zeitrechnung, wenn man die

Tabellenkalkulation auf Mac und PC parallel benutzt. Denn für Apple-Rechner hat Microsoft eine eigene standardmäßig aktivierte Excel-Apple-Zeitrechnung. Und die beginnt am 2. Januar 1904.

Microsoft dokumentiert das Datumsdurcheinander immerhin sehr hübsch mit Tabellen und anschaulichen Beispielen. Demnach ist der 31. Dezember 9999 für Mac-Excel der Tag 2957003, für PC-Excel hingegen der 2958465.

Alles klar?

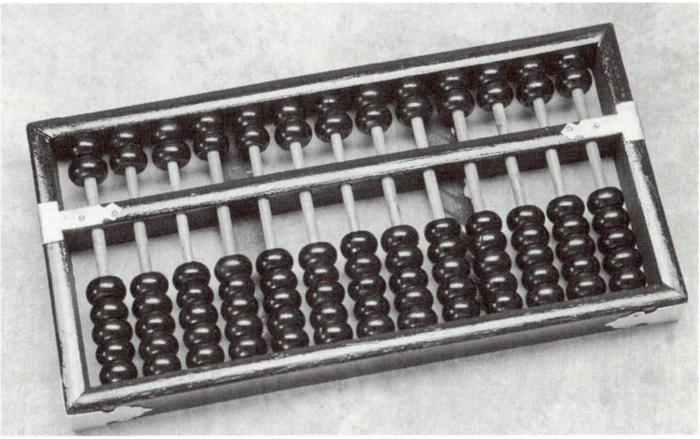

Abakus: Der Rechenrahmen rundet nicht.

Selbst wenn: Auch wer dieses System durchschaut, wird mit Excel keine Wochentage vor 1900 beziehungsweise 1903 berechnen können. Dafür muss man auf Excel-Formeln von findigen Programmierern zurückgreifen – oder auf offiziell undokumentierte, aber funktionierende Werkzeuge in Googles webbasierter Gratis-Tabellenkalkulation Spreadsheets.

Fehler oder Service? Microsoft erklärt zu Beginn einer sogenannten Problembeschreibung zwar freimütig, dass Excel »fälschlicherweise« annimmt, »dass das Jahr 1900 ein Schaltjahr ist« – der Rest des Dokuments ist aber eine Rechtfertigung dieses Fehlers. Die Geschichte beginnt 1983, und schuld ist demnach nicht Microsoft, sondern die Softwarefirma Lotus: »Als

Aus dem echten Leben

Ich teste mein Programm, das Daten in unterschiedlichen Formaten ausgibt. Der 28.02.1900 ist da ein Mittwoch. Excel sagt aber, dass es ein Dienstag ist. Outlook glaubt aber auch an den Mittwoch. Habt ihr Vergleichsdaten?
(aus einem Studierendenforum der TU Wien)

»Wenn Sie die Funktion WOCHENTAG zum Beispiel verwenden, um zu berechnen, welcher Wochentag der 16. Februar 1900 war, liefert Microsoft Excel das Ergebnis 5, was darauf hinweist, dass der 16. Februar ein Donnerstag war. Das korrekte Ergebnis wäre jedoch 6, da der 16. Februar 1900 ein Freitag war. Um dieses Problem zu umgehen, addieren Sie dem Ergebnis 1 hinzu.«(Microsoft-Hilfe)

»Es ist zwar technisch möglich, dieses Verhalten zu beheben, sodass aktuelle Versionen von Microsoft Excel nicht von der Annahme ausgehen, dass 1900 ein Schaltjahr ist, jedoch überwiegen die Nachteile einer solchen Korrektur bei Weitem die Vorteile.«(Microsoft-Hilfe)

die erste Version von Lotus 1-2-3 veröffentlicht wurde, ging das Programm davon aus, dass das Jahr 1900 ein Schaltjahr ist, auch wenn dieses Jahr eigentlich kein Schaltjahr ist.«

Dies habe dem Programm die Verarbeitung von Schaltjahren erleichtert und bei der »Mehrzahl der Datumsberechnungen in Lotus 1-2-3 keinerlei Probleme« verursacht. Microsoft hat den Fehler nach eigenen Angaben nur zwecks Kompatibilität übernommen: »Durch das Akzeptieren dieser Annahme waren Microsoft Multiplan und Microsoft Excel in der Lage, das auch von Lotus 1-2-3 verwendete fortlaufende Datumssystem zu nutzen.« Weil der Fehler in jeder weiteren Excel-Version erhalten blieb, könne man den Fehler heute nicht korrigieren. In Microsoft-Deutsch: »Die Nachteile einer solchen Korrektur überwiegen bei Weitem die Vorteile.« Denn fast alle Datumsangaben in aktuellen Microsoft-Excel-Arbeitsblättern würden dann um einen Tag zurückspringen.

Das Phantomschaltjahr 1900 hingegen mache heute nur jenen wenigen Menschen Ärger, die mit Datumsangaben zwischen dem 1. Januar und dem 1. März 1900 Wochentage zuordnen wollen. Microsoft kommentiert lapidar: »Da die meisten Benutzer keine Datumsangaben vor dem 1. März 1900 verwenden, tritt dieses Problem sehr selten auf.«

Einen weiteren niedlichen Darstellungsfehler haben Excel-Nutzer schon vor Jahren entdeckt, beschrieben und amüsiert wieder vergessen: Addiert man mit dem Microsoft-Programm die Zahlen 0,05, -0,07, 0,02 und 0, ist das Ergebnis nicht die offensichtlich richtige 0, sondern -3,46945E-18. Den Fehler macht Excel allerdings heute noch – nach sieben Jahren Spott über die Software. Schuld ist – wieder mal – ein Rundungsfehler.

TIPP:

Erweitern Sie Ihr Entschuldigungsrepertoire um diesen Satz: »Sorry, das habe ich mit Excel berechnet.« WG-Bad nicht geputzt? »Also laut dem Excel-Plan bin ich erst 2068 wieder mit dem Bad dran.« Banken pleite, Neuverschuldung explodiert? Womit wurde da wohl gerechnet ...? Excel hat ein so mieses Image, dass nie jemand nachfragen wird, wenn Sie dem verrückten Kalkulator die Schuld in die Schuhe schieben. Falls doch, merken Sie sich diese wunderbar komplizierte und dazu noch wahre Erklärung: Wenn man Stunden in Excel addiert und die Summe größer als 24 zu werden droht, muss man in der Ergebnisformel ein H (für Stunden) in eckigen Klammern schreiben. Sonst werden zum Beispiel aus 42 Wochenstunden Arbeit 18, weil Excel nun mal statt 42 Stunden 1 Tag und noch mal 18 Stunden erkennt. Eine Excel-Stunde ist ein 24stel eines Tages, aber die Tage zeigt das Programm gar nicht und die Stunden nur bis maximal 24 an, wenn man nicht ausdrücklich etwas anderes befiehlt. Mit einer eckigen Klammer zum Beispiel. Alles klar? Falls nicht: Daran ist Excel schuld.

Technikärgernis Frischhaltefolie

Frust mit fiesen Folien

Abreißen, einwickeln, aufheben – von wegen! Um einen Fetzen Frischhaltefolie zu ergattern, müssen Hobbyköche meistens erst mal lange und kräftig an der Rolle zerren. Physiker belegen: Viele Folien strecken sich lieber ausgiebig, statt zu reißen.

Werber haben der Frischhaltefolie schon alle erdenklichen Komplimente gemacht – »hauchzart« sei sie, diese »Sichtfolie mit Hafteffekt«, dichtete der Hersteller Melitta 1965 bei der Einführung in Deutschland. Später schwärmten Anzeigen von der »atmenden«, ja sogar von der »extra anschmiegsamen« Folie.

Wenn es diese filigrane, zärtliche Küchenhilfe wirklich gibt, dann hat sie unangenehme Verwandtschaft, die ihr zum Verwechseln ähnlich sieht.

Die Opfer des Zwillings klagen im Internet ihr Leid. Da schreiben Menschen, sie würden schon beim Abreißen der fiesen Folie »die Krise bekommen«. Denn »dafür hat die Packung ja so Zähne, nur die Folie reißt nie so, wie ich es möchte. Meistens brauche ich einen Meter (oder zwei), bis ich überhaupt ein brauchbares Stück abgerissen habe«.

Von wegen hauchzart und extra anschmiegsam – stur und verbissen sei die fiese Verpackungshilfe. Trauriges Fazit eines Kochs, der an die falsche Folie geraten ist: »Leider habe ich auch noch nicht die Richtige gefunden.«

Experimente mit Extra-Schneidewerkzeug enden manchmal mit verzweifelten Hilferufen wie diesem: »Das gezackte Ding auf der Schachtel hält nicht, der Versuch mit einem Messer funktioniert auch nicht. Und dann klebt sie überall da, wo sie nicht soll. Was kann man da tun?«

Probieren.

Beim Selbstversuch mit drei in Supermärkten gekauften Folien zeigten sich deutliche Unterschiede: Manche Folien lassen sich nur mit viel Kraft abreißen. Am Schneidemechanismus kann das eigentlich nicht liegen, denn der ist bei den drei Verpackungen identisch: An der Kante des Deckels kleben Kunststoffzacken.

So sollte das eigentlich gehen: Deckel öffnen, Folie rausziehen, Deckel schließen und mit einer Hand draufdrücken, Folie nach oben hin an der Zackenkante des Deckels mit der anderen Hand abreißen.

Wie viel Kraft dafür nötig ist, sieht man nach einigen abgerissenen Metern Folie an der Form der Verpackung: Bei der Folie der Plus-Eigenmarke Maker zum Beispiel steht der Pappdeckel nach Benutzung bald nach oben ab, die Abreißkante ist ausgebeult. Denn beim Abreißen braucht man viel Kraft – am Anfang reißt die Folie noch sauber, aber dann dehnt sie sich irgendwann nur noch, man muss schon ordentlich zerren, um der Rolle einen Fetzen Folie abzuringen.

Auch bei der Penny-Folie Sylvana ist das beschwerlich, sie dehnt sich bisweilen hartnäckig, statt zu reißen. Abreißen ohne

Gedehne und Gezerre klappt nur bei der deutlich teureren Toppits-Folie zuverlässig bei jedem Versuch.

Warum das Abreißen bei manchen Folien immer leicht, bei anderen mal gar nicht, mal schlecht funktioniert, will keiner der Hersteller erklären. Abreißtechnik? Verpackung? Zusammensetzung der Folie? Toppits lässt wissen: »Leider können wir Ihnen aus wettbewerbsrechtlichen Gründen keine näheren Auskünfte zur chemischen Zusammensetzung der Folie geben.«

Einen Hinweis, woran das liegen könnte, gibt Plus. Die Plus-Folie – eine der hartnäckigeren im Selbstversuch – sei »15 Mikrometer stark«, die Toppits-Folie nur »maximal 12 Mikrometer dick und somit mindestens 20 Prozent dünner.« Das würde der Abreißfähigkeit zugutekommen. Bei Plus habe man deshalb »vor einiger Zeit die Papiersäge zum Abreißen gegen eine stabilere Kunststoffsäge ausgetauscht« und die »Faltschachtel aus dem stabilsten Kraftkarton« bauen lassen, den der Lieferant anzubieten habe.

Zerren muss man an der Plus-Folie trotzdem weiterhin – aber dafür kostet sie im Supermarkt weniger.

Und die widerspenstige Penny-Folie? Die ist laut Firmensprecher »weder in der Produktqualität noch in der Verpackung und auch nicht in der Abreißfähigkeit eingeschränkt«, die »Festigkeiten und die Dehnungswerte« seien im Vergleich zu anderen Folien sogar »überdurchschnittlich gut«. Es habe keine Beschwerden gegeben. Vielleicht haben wir uns beim Abreißen nur dämlich angestellt, obwohl wir strikt nach Anleitung gearbeitet haben (»über die Zackenkante von einer Seite zu (sic!) anderen abreißen«).

Dicke Folie reißt also schlecht? Da kein Folienproduzent etwas

Genaueres über seine Frischhaltebahnen sagen will, haben Doktoranden von Physikprofessor Armin Gölzhäuser an der Universität Bielefeld mit viel Aufwand untersucht, was die zähen von den angenehmen Folien unterscheidet. Ergebnis: Es kann nicht an der Dicke der Folien allein liegen, irgendetwas an der chemischen Zusammensetzung muss anders sein. Denn die preiswerteren Folien dehnen sich sehr stark aus, bevor sie überhaupt reißen. Die leicht zu reißende Folie lässt sich kaum dehnen, reißt sofort ab.

Dagegen hilft auch Einfrieren nicht – diesen oft weitererzählten Kaltschneide-Mythos entkräftete Toppits: »Eine kalte Folie ist weniger elastisch und wird eher spröde, sie muss dann aber schon sehr kalt sein, minus 40 bis minus 80 Grad Celsius.«

Vielleicht ein kleiner Trost für entnervte Hobbyköche: Im Labor geht es zu wie im Haushalt. Aus dem Zwischenbericht der vier folientestenden Physikdoktoranden: »Es zeigt sich auch, dass gerade die Folien von Ja und Gut & Günstig schwierig zu handhaben sind, da sie relativ schnell und fest an sich selbst haften und man so Folienstücke neu präparieren musste.«

TIPP:

Schreiben Sie eine Doktorarbeit über Frischhaltefolien, entwerfen (und patentieren!) Sie den perfekten Frischhaltefolienschneider. Und privat nutzen Sie am besten heimlich Alufolie, sonst wird aus den Folienprojekten nie etwas.

Technikärgernis Gebrauchsanleitung

»Ziehen Sie die Kunststofffösen 23 einfach nach oben«

Den Nippel durch die Lasche ziehen – manche Handbücher klingen wie Anleitungssatiren. Wer Videorekorder oder W-Lan-Router bedienen will, muss ihre Sprache lernen. Doch die gedruckten Verhaltensregeln passen nie zum beigelegten Gerät. Oder umgekehrt?

Wer einen Luxus-Kinderwagen aus der Hartan-Fabrik im oberfränkischen Sonnefeld besitzt, hat alles richtig gemacht – so steht es in der Anleitung: »Damit sich Ihr Baby sicher und geborgen fühlt, haben Sie sich für ein hochwertiges Produkt aus dem Hause Hartan entschieden.« Und so weiter ... hochwertige Verarbeitung, strenge Qualitätskontrolle. Je weiter man aber in der Anleitung nach hinten blättert, umso unverständlicher werden die Sätze.

Da steht dann auf einmal: »Klappen Sie den Tragebügel 24 nach hinten. Dann ziehen Sie die beiden Kunststofffösen 23 innen im Wagen einfach nach oben und rasten die seitlichen Aluminiumstreben in die Kunststoffhalter am Boden. Zum Öffnen klappen Sie den Tragebügel 24 nach oben bis er einrastet und drücken nur den Boden der Tragetasche nach unten.«

Das ist ein Abschnitt aus der Erklärung, wie man das Oberteil des Kinderwagens abnimmt und als Tasche trägt. Ein gutes Dutzend Handgriffe ist dafür nötig, die Anleitung listet diese in einem Fließtext mit Wortungetümen wie »Fußstützenverstellung« hintereinanderweg auf – ohne Illustration.

Wer sehen will, was mit Tragebügel 24 gemeint ist, muss ein paar Seiten zurückblättern, zur einzigen schematischen Darstellung des Kinderwagens VIP XL in der Anleitung. Hier deuten 25 Pfeile an, was mit den Begriffen »Fußstützenverlängerung«, »Schutzbügelverstellung« und »Teleskopschieber höhenverstellbar« gemeint ist. Wer wissen will, was man damit macht, muss weiterblättern – zur Anleitungstextwüste.

So ähnlich klang die Anleitung für »Holzwollschnitzelwerk«, die 1972 Schobert und Black sangen – »da jetzt schon von selbst das Überdruckventil in die Nut des Nippels passt, kurbeln Sie die Kurbel des Kurbellagers, bis der Haken den Schlepper erfasst«. Das war Satire. Warum ist gut drei Jahrzehnte später eine Anleitung für ein etwa 500 Euro teures Produkt ähnlich unverständlich?

Das erklärt die Firma Hartan so: »Eine Illustration ist aufgrund der Vielzahl von Bedienungsanleitungen nicht zu verwirklichen. Wir haben 14 verschiedene Modelle, die für 16 Länder in unterschiedlichen Ausführungen gedruckt werden müssen.« Die wegen ständiger Verbesserung nötige »laufende Überarbeitung der Illustrationen« würde »den Aufwand nicht rechtfertigen«.

Andere Unternehmen geben sich da mehr Mühe. Ikeas Aufbauanleitungen zum Beispiel kommen fast ausschließlich mit Zeichnungen aus – und erklären dabei ganz verständlich und anschaulich, wie all die Möbelteile zusammenpassen sollten.

Die Linguistin Catherine Badras, Leiterin des Studiengangs Technikkommunikation an der Hochschule für Angewandte Wissenschaften Zürich, beobachtet, dass »die Qualität der Bedienungsanleitungen für Konsumgüter in den letzten Jahrzehnten generell eher zugenommen hat«. Heute würden nicht mehr Ingenieure nebenher Anleitungen schreiben, das sei inzwischen ein Vollzeitjob für Fachkräfte. 70.000 Angestellte schreiben laut dem Fachverband Tekom in Deutschland hauptberuflich Technikdokumentation.

Ein wenig geholfen hat das schon. Vor 20 Jahren fanden die Autoren des Fachmagazins *Tekom-Nachrichten* für ihren Artikel über »Gebrechanleitungen« in Bedienungsanweisungen noch Formulierungen wie diese:

- »Zeiger auswählbar durch das Eigentümers Operation. – Drückt auf den Knopf Set um die gespalte Zeit zu fassen, wenn sie Stille läuft innerlich.« (aus der Anleitung einer Digitaluhr)

- »Setzen sie das stereo Kopfphon in Kopfphon Wagenwinde ein, die Macht ist an, sonst ist die Macht ab.« (aus dem Handbuch des damals angeblich kleinsten Radios der Welt)

- »Befestigen Sie Teil F an Teil E. Versammeln Sie alle drei Beine. Befestigen Sie versammelte Beine an C-3 Unterpfahl. Verbrauchen Sie zwei Höhlen bei ES und eine Höhle bei FS.« (aus der Aufbauanleitung für einen Garderobenständer)

- »Wenn das Wetter kalt ist, wird die Puff Unterlage sich langsam puffen.« (aus dem Handbuch einer Luftmatratze)

Die Zeit solcher Übersetzungen neigt sich dem Ende entgegen, und dieses Computer-Deutsch liest man heute eher in Spammails. Sogar günstige Geräte haben nun (meistens) zumindest grammatikalisch (größtenteils) korrekte Anleitungen. Das macht sie aber nicht unbedingt verständlicher.

So erklärt zum Beispiel eine Bedienungsanleitung von T-Online das Verbinden eines PCs mit einem W-Lan-Router mit dem Hinweis, man definiere ein drahtloses Netzwerk, indem man »allen Geräten eine identische SSID« zuweise. Zu beachten habe man dabei, dass am »Speedport W 700V« eine »individuelle SSID und die Verschlüsselung WPA/WPA2 mit Pre-Shared Key voreingestellt« sind. Man müsse auch prüfen, ob der eigene W-Lan-Adapter eine »WPA2-Verschlüsselung unterstützt«. Dies sei »in der Bedienungsanleitung des W-Lan-Adapters beschrieben«. Hoffentlich. Vielleicht ist es da einfacher erklärt. Denn die meisten Menschen, die im Handbuch nachlesen müssen, wie man Router und Rechner drahtlos verbindet, werden mit SSID und Pre-Shared Key wenig anfangen können. Natürlich kann ein Router-Handbuch dem Laien nicht die Grundlagen von Betriebssystem und Netzwerktechnik erklären – aber Kenntnis von Verschlüsselungsmodi wie WPA oder WEP kann man nicht voraussetzen.

Das tun schlechte Handbücher, findet Kommunikationswissenschaftler Clemens Schwender von der Hochschule für Management und Kommunikation in Potsdam, der zur Geschichte der Gebrauchsanweisung geforscht hat. Seine Einschätzung: »Es wird zu viel Wissen vorausgesetzt. Diejenigen, die das Gerät beschreiben, verstehen es offensichtlich. Und sie können sich dann nicht mehr in die hineinversetzen, die es nicht verstehen.«

Ein schönes Beispiel für Betriebsblindheit liefert der Heimelektronikkonzern Toshiba in seiner Anleitung für den LCD-Fernseher 32C3030, die sogar Technikredakteure in den Wahnsinn treibt. Die Anleitung beschreibt auf Seite zehn wunderbar detailliert, wie man eine »Erstmalige Sendereinstellung am digitalen Fernsehgerät« zu erledigen hat. Schritt-für-Schritt-Anleitung, Fotos, Illustrationen – alles wunderbar.

Die automatisch eingestellten Sender sieht man trotzdem nicht. Auch wenn man alle Anweisungen auf der wunderbaren Seite zehn wieder und wieder befolgt – kein Bild. Warum, steht auf Seite sieben, in einer Randnotiz zu der Erklärung »Wahl des Eingangs für externe Quelle« auf Seite sechs: »Um das jeweilige externe Gerät wieder aufzurufen, drücken Sie die Taste SYMBOL. Mit dieser Taste können Sie zwischen DTV, EXT1, EXT2, EXT3C, HDMI1, HDMI2, PC oder ATV umschalten.«

Tja: Wer die automatisch eingestellten Digitalsender auch sehen will, muss vorher ganz manuell den Fernseher auf DTV umschalten. Das ist völlig logisch – nur sollte man das Laien vielleicht doch auch im Kapitel zur »erstmaligen Sendereinstellung« erklären.

Solche Erklärmacken in Anleitungen für komplexe Geräte (und das sind Fernseher heute) kann man beim Vorabtest bemerken. Für den reicht die Zeit aber nicht immer, wie die Linguistin Badras weiß: »Die Produktionszeiten werden immer kürzer, und die Erstellung der Bedienungsanleitung ist oft das letzte Glied in der Produktionskette. Manchmal stehen den Tests auch wirtschaftliche Zwänge im Wege.«

Einfach gesagt: Die perfekte Anleitung ist ziemlich teuer. Und weil die beschriebenen Geräte meistens viel komplexer sind als

Aus dem echten Leben

Gebrauchsanweisungen, die wir nicht verstanden haben – und eine, die wir nie verstehen sollten

Zur Bestimmung der Maximalwerte halten Sie bitte die Taste »Pfeil-oben« gedrückt, und drücken Sie gleichzeitig die »2nd«-Taste dreimal – beim dritten Mal bitte etwas länger, mindestens aber 3 Sekunden, damit die Maximalwerte von der Elektronic genauestens erfasst werden können.
(Energiemessgerät, 2008 – Dank an York Kosthorst)

\- - - - - -

Sie müssen nur den Nippel durch die Lasche ziehn/und mit der kleinen Kurbel ganz nach oben drehn/Da erscheint sofort ein Pfeil/und da drücken sie dann drauf/und schon kommt da unten Kaffee raus.
(Aus dem Song »Der Nippel« von Mike Krüger, 1980)

\- - - - - -

Das Geröt ist eine schweißlose Heizung im Wasserspender installiert und wird es mit schweißloser Heizung»On« e i n g e s c h a l t e t . Es wird empfohlen, daß die schweißlose Heizung während einer Normalfunktion ausschlatet wird, um Energie zu sparen beim Drücken von der Heizeinschaltung. Bitte, schalten Sie den schweiß lose Heizung ein, falls die Oberfläche von Spender den Schweiß vorkommen wird.
(Aus der Anleitung für eine Kühl-Gefrier-Kombination von Samsung)

\- - - - - -

Rechts die in jedem Vers linientreuen Geldschein einstecken. Auf das Akkreditit im Display warten. Die gewunschte Pumpe wahlen. Loscht den Spion der gewahlten Pumpe den Tankstelle nehmen. Bei nicht Versorgung einige Mintuen warten und den Schein zurückziehen, ihn dem Geschatts-führer tur die Erstattung.
(Aus der Anleitung an einer Agip-Automaten-Tanksäule, südlich von Siena – Dank an Tilman Heckel)

alles, was es noch vor zehn Jahren zu kaufen gab, kostet es heute sicher mehr Mühe, eine nur ordentliche Anleitung zu schreiben, als vor ein paar Jahren für eine exzellente nötig war. Früher waren die Geräte simpel und die Anleitungen manchmal wunderbar anschaulich.

Im November 1877 zum Beispiel beschrieb Generalpostmeister Heinrich von Stephan seinem Chef, dem Reichskanzler Bismarck, in einem Brief die Benutzung des Telefons mit diesem Bild: »Der Apparat gleicht in Form und Größe einem mittelgroßen Fliegenschwamm [= Fliegenpilz, Anm. d. A.]. An dem Stiel faßt man an und spricht da, wo die rote Fläche ist. Ebendaselbst hört man auch. Es ist kaum etwas Einfacheres zu denken.«

In der Tat.

TIPP:

Maschinen-Kommunikationsexperten raten dazu, neuen technischen Geräten im Haushalt mit dem gebührenden »Respekt« zu begegnen, sie als »gleichberechtigtes Mitglied der Hausgemeinschaft« zu akzeptieren

und entsprechend aufzunehmen. Dafür sei es unerlässlich, häufige Redewendungen und einen Grundwortschatz der jeweiligen Gerätesprache vorab zu erlernen. Neben bekannten Sprachmagazinen (*Meine Maschine und ich*) bieten Volkshochschulen eine Fülle an Grundkursen an, aber auch Aufbauseminare (für Menschen, die schon eine andere Maschine im Haus haben). Es gibt spezielle Angebote für alle, die es versäumt haben, sich vor der Maschinenanschaffung zu bilden (»Motivieren und moderieren«, »Verhandlungs- und Argumentationstechniken«) und auch Mensch-Maschine-Paarseminare (»Konflikte als Chance, sich und andere besser zu verstehen«).

Technikärgernis Steckdosenleiste

Bitte hinten ganz fest drücken!

Die meisten Steckerleisten haben den Schalter am falschen Fleck: an der Seite, wo das Kabel zur Steckdose wegführt. Deshalb lassen sich die Stromsparhelfer kaum komfortabel an- und ausknipsen. Bitte bücken! Ein simpler Seitenwechsel des Schalters würde helfen.

Wer ein wenig Strom sparen und die Umwelt schützen will, muss sich täglich bücken: Vorm Fernseher, unterm Schreibtisch, in der Diele, neben den Boxen – um Stromfresser richtig abzuschalten und vom Stromnetz zu trennen.

Die abschaltbare Steckerleiste gilt als Stromspartipp schlechthin, als bester Helfer gegen heimlichen Stand-by-Verbrauch. Wer etwas dagegen hat, dass die ganze Nacht lang Kontrolllämpchen von Fernseher, DVD-Player, Computer und anderem Technikschnickschnack die Wohnung beleuchten, stöpselt die Geräte in eine Steckerleiste mit Zentralschalter – und schaltet sie dann wirklich aus.

Nur sitzt bei den meisten dieser Steckerleisten der Schalter am falschen Ende, dort wo das Kabel herauskommt, das die Steckerleiste mit der Steckdose verbindet und mit Strom versorgt.

Die Folge: Wer die Steckerleiste hinterm Fernsehtisch versteckt, kann den Schalter nicht einfach so bedienen, weil er an der zu versteckenden Seite liegt. Dann heißt es: Zum Ausschalten bitte die Steckerleiste unter Fernseh- oder Schreibtisch hervorziehen! Dreht man die Leiste um, ist der Schalter einfach mit dem Fuß zu bedienen, aber das Kabel ragt in den Raum hinein, bevor es im Schlenker zu Wand und Steckdose führt. Stolperfalle!

Thomas Kuther vom Fachmagazin *Elektronikpraxis* bestätigt: »Dieses Problem bei Steckdosenleisten nervt mich selber, und ich habe auch keine Ahnung, warum das so ist. Allerdings rate ich davon ab, herkömmliche Steckerleisten als Fußschalter zu missbrauchen.«

Abschaltbare Steckerleiste: Der Klassiker unter den Stromspartipps hat den Schalter meist am falschen Fleck – da wo das Kabel rauskommt.

Ein simples Problem, das so manchen Stromsparer ärgert. Dabei wäre die Lösung doch ganz einfach: Den Schalter am anderen Ende der Steckerleiste unterbringen. Kein Kippeln mehr, kein Hervorziehen, keine Kabelschlangen.

Warum gibt es kaum Steckerleisten mit dem Schalter am rechten Fleck?

Ingenieur Peter Leunig, der Spezialelektronik wie Steckdosenleisten mit IP-Adressen entwirft, sieht viele Ursachen, aber nur einen möglichen Grund: »Der einzige ernsthaftere Grund sind die erhöhten Anforderungen an die Sicherheitsabstände innerhalb der Leiste. Die stromführenden Leitungen müssen ja auf die andere Seite verlegt werden.« Aber, so Leunig, »das ließe sich mit einem cleveren Gehäusekonzept bei etwa ein Euro Mehrkosten durchaus lösen.«

Warum man trotzdem im Baumarkt Berge an Steckerleisten mit Bückschaltern sieht, erklärt Leunig so: »Denkfaulheit, Lieblosigkeit des Marketings, mangelnde Kundenorientierung, die Hersteller fürchten den höheren Preis von etwa einem Euro in einem heftigen Preiskampf.«

Die Hersteller argumentieren genau so. Axel Hoffmann vom deutschen Elektrotechnikhersteller Brennenstuhl zum Beispiel erklärt: »Wenn der Schalter gegenüber dem Kabeleingang positioniert wird, muss das Kabel innerhalb der Steckdosenleiste der kompletten Länge nach durchgeführt werden. Diese interne Kabellänge kostet zusätzlich Geld.« Beim Elektronikriesen Bachmann sieht man im Massenmarkt wenig Chancen für solche Innovationen: »Der Aufwand der Produktion ist deutlich höher. Im Niedrigpreissegment der Kunststoffsteckdosen kann er aus Marktpreisgründen nicht realisiert werden.«

Wer aber etwas mehr Geld ausgeben will (um die 20 Euro) und lange genug sucht, findet auch einfach bedienbare Steckdosenleisten – vielleicht nicht im Baumarkt, eher im Elektrofachhandel und ganz sicher online.

Die robusten Alu-Steckdosenleisten von Herstellern wie Brennenstuhl und Bachmann haben den Schalter oft am richtigen Ende – gegenüber vom Kabeleingang. Außerdem gibt es einige raffinierte Konstruktionen mit Extra-Fußschalter. Die Steckdosenleiste liegt irgendwo gut versteckt und unsichtbar, der per Kabel verbundene Schalter gut erreichbar anderswo.

Für solch einen Entwurf mit dem schönen Namen Money Saver hat die Solinger Firma Zweibrüder eine lobende Erwähnung beim Designpreis »red dot award« bekommen und ein »sehr gut« im Test beim Heimwerkermagazin *Selbst ist der Mann*.

Im Baumarkt sucht man solche Steckdoseninnovationen trotzdem vergeblich – wer sich dort eine Billigleiste vom Plastikberg schnappt, muss sich eben bücken.

TIPP:

Aufwärmen, dehnen, lockern – dann erst an der Steckdosenleiste versuchen. Die Krankenkassen bieten Besitzern herkömmlicher Steckdosenleisten kostenlos Broschüren mit Tipps zur korrekten Bedienung. Bei chronischen Rückenleiden gibt es unter Umständen einen Zuschuss für den Erwerb einer Funksteckdosenleiste mit Fernbedienung.

Technikärgernis Plastikverpackung

Hol die Schneidzange raus!

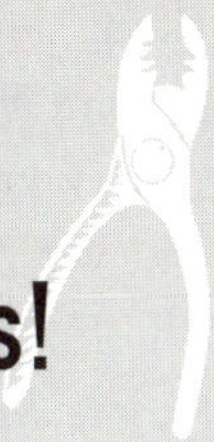

Schere oder Messer – anders geht es nicht: Hersteller verschweißen Speicherkarten, Spielzeug und Computerzubehör in Blistern, kaum zu öffnenden Plastikverpackungen. Die sollen Ladendiebe abschrecken, tauchen aber auch im Versandhandel auf. US-Erfinder verkaufen sogar spezielle Blisteröffner.

Wer im Elektromarkt mal eben eine Speicherkarte für die Digitalkamera kaufen will, fühlt sich ein wenig wie Bankkunden auf dem Weg zum Schließfach: Die Speicherkarten hängen in apfelsaftkartongroßen, durchsichtigen Kisten aus Hartplastik an der Wand.

Am Ausgang öffnet der Kassierer diese Kiste mit einem Spezialschlüssel und holt eine zweite, kleinere, luftdicht verschweißte Plastikverpackung heraus. Für die zahlt man weniger als für eine Pizza und steht vor einem Problem: Das Ding geht einfach nicht auf.

Diese Verpackungen heißen in den Vereinigten Staaten sehr treffend Blister Pack. Blister wie Beule, Bläschen, Brandblase – und für Kunden sind diese Schweißverpackungen (so der deutsche Fachbegriff für diese besonders fiese Unterform der Sichtverpackung) ungefähr genauso nützlich wie Blasenbildung.

Weil beim Verpacken von Speicherkarten und ähnlichem Technikkleinkram in Blisterpacks die Vorderseite fest mit der Rückseite verschweißt wird, kann man diese Verpackung nicht wirklich öffnen – man muss sie zerstören. Und das geht nicht ohne Schere, Messer oder Schneidzange.

In solchen Plastikhüllen stecken Piratenschiffmodelle, Küchenhelfer, Audiokabel – und winzige SD-Speicherkarten. Warum muss das sein? Speicherkartenanbieter Panasonic begründet die verschweißte Verpackung so: »Der Handel verlangt eine nicht zu öffnende Verpackung in einer Größe, die den Diebstahl der Karten erschwert. Ladendiebstählen soll so vorgebeugt werden.« Denn, so Panasonic, »je teurer der Artikel und je kleiner die Verpackung, desto höher die Diebstahlquote«.

In der Tat sind SD-Speicherkarten ziemlich klein (3 x 2,5 Zentimeter etwa) – und die Schweißverpackungen im Vergleich ziemlich groß (12 x 15 Zentimeter zum Beispiel). Das sei für die Fachmärkte »der sicherste Schutz vor Diebstahl«, erklärt der Speicherkartenhersteller Transcend und argumentiert, dass davon auch die Käufer profitieren, weil »die Fachhändler nicht wegen hoher Diebstahlquoten ihre Preise erhöhen müssen.«

Und die Umwelt? 180 Quadratzentimeter Plastikverpackung für 7,5 Quadratzentimeter Speicherkarte? Ist eben so. Transcend hat nach eigenen Angaben seine Blisterpacks schon auf gut 100 Quadratzentimeter geschrumpft. 8 Zentimeter lang, 13 Zentimeter hoch – »noch kleiner geht nicht!«, erklärt Transcend. Denn: »Es müssen einfach gewisse Informationen enthalten sein, wie zum Beispiel gesetzliche und patentrechtliche Inhalte.«

Nur: warum diese Plastikpanzer, wenn die bei Elektromärkten ohnehin noch einmal in Schutzkästen stecken? Und abgesehen von diesem Doppelschutz: Inzwischen kosten die meisten SD-Speicherkarten so wenig wie Rasierklingen oder Akkus, die meistens in einfach zu öffnenden Verpackungen mit Papprücken angeboten werden. Eine SD-Karte mit 4 Gigabyte kostete vor zwei Jahren beim günstigsten Onlinehändler noch rund 33 Euro – derzeit sind es etwa 7 Euro.

Zumindest für diese inzwischen so günstigen Karten haben einige Hersteller Besserung beim Verpackungsdesign gelobt, und Panasonic hat dieses Versprechen auch schon umgesetzt: »Kleinere Verpackung, weniger Plastik, mehr recycelbare Pappe«. Speicherkartenhersteller Transcend erklärt vage, dass die Entwickler schon an »Lösungen tüfteln, die beide Seiten zufriedenstellen – den Handel und den Endverbraucher.«

Plastikschutz: Hersteller verschweißen Zubehör gern in Blister Packs – Verpackungen, die ohne Werkzeug zu öffnen sind.

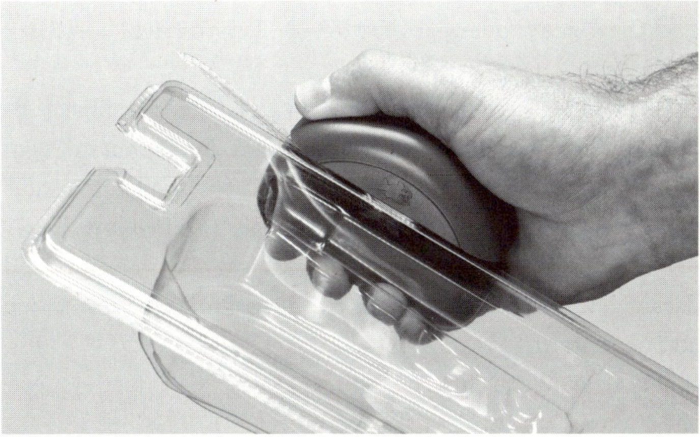

Wie diese Lösung wohl aussehen könnte? Pappe vielleicht?

Solch eine Lösung hat in den Vereinigten Staaten der Online-Handelskonzern Amazon gefunden. Die Firma, die in Deutschland einige Speicherkarten in diebstahlsicherer Schweißverpackung verschickt (wer soll da die Karten stehlen?), hat im US-Vorweihnachtsgeschäft werbewirksam die Initiative »frustrationsfreie Verpackung« ausgerufen. Firmengründer Jeff Bezos beschrieb diese Aktion in einer E-Mail an Kunden mit viel Pathos, versprach, dem oft »schmerzhaften und zeitfressenden« Auspacken ein Ende zu machen.

Große Worte, simple Lösung: Bestimmte Speicherkarten und Spielsachen (19 Artikel insgesamt) verschickt Amazon nun auf Wunsch in Pappumschlägen oder -schachteln an US-Kunden – ohne Plastikhülle.

Um die zehntausend anderen Blisterverpackungen zu öffnen, kann man aus einer großen Palette spezieller Blisteröffner wählen. Warum eine Schere benutzen, wenn es für die Schweißverpackung so schöne Öffner gibt wie den Pyranna, den Ultimate Package Opener oder gar die 36-Volt-Elektroschere von Black & Decker?

Ein wunderbarer Gag gelang dem Hersteller des Blisteröffners OpenX, der sein Spezialwerkzeug vor drei Jahren mit dem Spruch bewarb: »Öffnen Sie diese störrischen Plastikverpackungen ganz einfach!« – und dann den Öffner in einer eben dieser fest verschweißten Verpackungen verschickten. Immerhin stand darauf das Versprechen: »Die letzte Verpackung, mit der Sie sich abmühen werden!«

Die letzte? Vielleicht.

TIPP:

Wenn Ihnen von unbekannten Absendern unerwartet Pakete geliefert werden – Vorsicht! Es könnte eine Blisterverpackung drin sein. Sicherheitsdienste fürchten Anschläge, nachdem Blister-Schulungsvideos aus Terrorcamps aufgetaucht sind. Die perfide Strategie: Ein Urinstinkt zwingt Menschen zum Auspacken vermeintlicher Geschenke und schaltet jedes Nachdenken über mögliche Konsequenzen aus. Das Phänomen tritt Experten zufolge bei Massagebüchern ebenso auf wie bei irgendwelchem Krempel in Schweißverpackungen mit rasiermesserscharf geschliffenen Kanten. Gerüchten zufolge will das Bundesgesundheitsministerium den Einsatz solcher Verpackungen verbieten, eine Ausnahme soll es nur für Zigaretten geben. Die sollen zwangsverschweißt werden.

Technikärgernis Restzeitangabe

Darum dauern zwei Computer-Minuten eine Stunde

Schätzen statt Rechnen: Computer behaupten, genau zu wissen, wie lange sie brauchen, um ein Verzeichnis zu kopieren oder ein Betriebssystem zu installieren. Doch die Minutenangaben sind nur grobe Schätzungen – und die liegen zu oft daneben.

Was macht der Computer denn nun schon wieder? Eine halbe Stunde soll es laut Restzeitanzeige dauern, ein neues Betriebssystem zu installieren, und dann ist diese halbe Stunde nach 70 Minuten noch nicht vorbei.

Beim Abschätzen ihrer Arbeitszeit sind Computer nicht besonders gut. In einem Hilfeforum fragt zum Beispiel Windows-Vista-Nutzer Bernd, warum er nie eine brauchbare Schätzung von seinem PC erhält: »Wenn ich eine mittelkomplexe Ordnerstruktur – etwa fünf Unterordner und 30 Dateien – kopiere oder verschiebe, zeigt er mir ewig lange an ‚Zeit wird berechnet', dann steht da ‚3 Tage 5 Stunden' und dann ist das Kopieren abgeschlossen.«

Mal zu schnell, mal zu langsam, niemals richtig bei der Zeitschätzung – warum sind Computer da so schlampig?

Bei einer aufwendigen Installation, etwa der eines neuen Betriebssystems, tun die Installationsroutinen zwar so, als hätten sie die Restzeit exakt berechnet, aber die Minutenangaben sind nichts anderes als eine mehr oder minder gute Schätzung. Axel Vahldiek vom IT-Fachmagazin *c't* erklärt: »Es werden lediglich die von den Programmierern abgegebenen Schätzungen angezeigt, wie lange einzelne, vorab definierte Teilschritte brauchen.«

Nur laufen je nach Prozessor, Speicherplatz, Zustand des Dateisystems und vielen anderen Details diese Teilschritte unterschiedlich schnell ab. Vahldiek: »Je nach der Konfiguration von Soft- und Hardware kommt es daher zu abstrusen Angaben, wenn zum Beispiel die ersten 90 Prozent der Installation ratzfatz durchlaufen und für die restlichen zehn dann eine Stunde vergeht.«

Warum es beim Kopieren von Dateien ähnlich gravierende Fehleinschätzungen gibt, will Apple nicht kommentieren. Microsoft ist da offener. Windows-Anwendern fiel besonders unangenehm auf, dass das neue Windows Vista viel länger zum Kopieren von Dateien brauchte als der Jahre ältere Vorgänger XP. Die Verlangsamung gibt Microsoft zu. Die Erklärung ist verblüffend: XP war nicht schneller, es hat geschummelt. Microsoft erklärt: »Bei Windows XP meldete das System, dass es mit dem Kopieren fertig war, wenn der Explorer die Daten im Hauptspeicher-Cache abgelegt hatte. Bei Vista erst, als die Daten wirklich auf der Festplatte geschrieben waren.«

Sprich: XP tat so, als sei es fertig, während die Arbeit noch lief. Mit dem Kopieren von Dateien unter Vista gibt es auch noch andere Probleme. Der Algorithmus zur Berechnung der Restzeit ist sehr sensibel, wie Microsoft-Entwickler Mark Russinovich in einem Firmen-Blog beschreibt: »Unter Vista wartet der Explorer zwölf Sekunden, bevor er die Dauer des Kopiervorgangs schätzt. Der Algorithmus ist sehr anfällig für kurze Schwankungen der Transferrate. Beides verschlimmert die Frustration der Anwender wegen des langsamen Kopierens.«

Perfekt kann so eine Schätzung allerdings nie sein. Das ist ähnlich wie in der Geschichte von der Karte eines Reichs, die dem Herrscher nie exakt genug war, bis die Karte so groß wie sein Imperium selbst wurde. Da auf einem Computer heute viele Prozesse und Anwendungen parallel laufen, kann immer wieder mal etwas dazwischenfunken, auf der Festplatte Daten lesen oder schreiben und die Kopiergeschwindigkeit drosseln.

Die Geschwindigkeit hängt auch davon ab, wo auf der Festplatte die Daten liegen (je weiter außen, umso schneller können die Daten gelesen werden) und wie stark die einzelnen Daten über die Platte verstreut sind. Außerdem kann die Übertragungsgeschwindigkeit während des Kopierens variieren, gerade bei Downloads aus dem Internet: Sobald einige andere Anwender ebenfalls beginnen, Daten zu kopieren, kann es hier zu plötzlichen Einbrüchen der Geschwindigkeit kommen. Betriebssystemexperte Vahldiek: »Eine korrekte Vorhersage ist ohne Weiteres nicht möglich, denn bei jedem Kopiervorgang unterscheiden sich die Rahmenbedingungen. Das Prognosesystem muss den Kopiervorgang ständig überwachen, um ständig neue Schätzungen abzugeben – was eben manchmal zu den seltsamen, sich ständig ändernden Vorhersagen führt.«

Für eine perfekte Schätzung der Restzeit wäre sehr viel Rechenkraft nötig. Microsoft zieht deshalb dieses Fazit: »Es gilt, auch immer eine Balance zu finden zwischen dem Aufwand, die Zeit korrekt darzustellen, und dem Aufwand, das Ergebnis zu erzielen. Was hilft es, wenn man 60 Sekunden verbraucht, um festzustellen, dass die Aktion in zehn Sekunden erfolgen kann.«

Allerdings ließe sich die Laune der Anwender auch ohne absolut exakte Prognose erheblich verbessern. Fachjournalist Vahldiek: »Aufgrund der Schwierigkeiten für eine perfekte Schätzung der Restzeit ist es sicher zielführender, nicht das technische, sondern das psychologische Problem anzugehen.« Genervt ist man ja erst, wenn das Gefühl entsteht, der Computer mache gerade gar nichts oder nicht das, was er eigentlich soll. Wenn der Fortschrittsbalken bei der Windows-Installation ewig bei 90 Prozent steht und man kein Feedback erhält, dass der Rechner gerade arbeitet, ist man frustriert. Wenn wie beim Kopieren von Dateien unter Windows Vista statt einer Zeitangabe die meiste Zeit dort steht ›Restzeit wird berechnet‹, fühlt der Anwender sich nicht ernst genommen.

Solche nervenden Anzeigen kennt jeder Computeranwender – nur deren Programmierer offenbar nicht. Dem Nutzer das Gefühl zu geben, dass etwas passiert, wenn die Software arbeitet, ist sicher einfacher zu machen als eine perfekte Restzeitschätzung. Aber wenn es ums Kopieren von Dateien geht, scheinen die Programmierer sich selten in die Anwender zu versetzen.

Ein besonders dämlicher Designfehler tritt bei bislang sämtlichen Windows-Versionen auf: Wenn zum Beispiel 3000 Dateien zu kopieren sind und bei einer davon ein Problem auftritt, stoppt Windows die gesamte Operation und fragt nach. Wer in dem Moment nicht vor dem Monitor sitzt, hat Pech. Der Rechner wartet, bis man wiederkommt. Auch wenn er gerade Datei 1 von 3000 kopiert hat und der Benutzer mal eben einkaufen gegangen ist, weil das ja erfahrungsgemäß länger dauert als die

Restzeitanzeige verspricht. Wenn bei der ersten Datei ein Fehler auftritt, kopiert Windows den Rest partout nicht. Das ist dem IT-Experten Vahldiek unerklärlich: »Besser wäre es, wenn Windows beim Auftreten des Problems zwar nachfragt, zwischenzeitlich aber wenigstens die 2999 anderen Dateien schon mal fertig kopiert.«

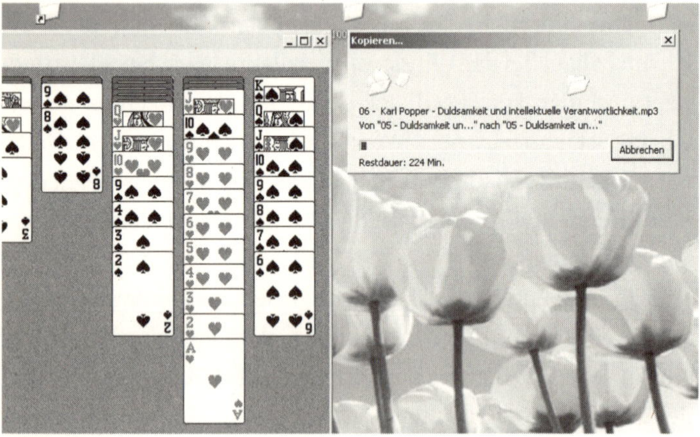

Kopierzeit: Windows verschätzt sich mal wieder – dreieinhalb Stunden soll das Kopieren einer MP3-Datei dauern.

TIPP:

Wenn Sie mal wieder Dateien kopieren, bleiben Sie am Rechner sitzen – bei einer schönen Partie Solitär. Einer hiermit aufgestellten Legende nach hat der für den Restzeit-Schätzalgorithmus verantwortliche Microsoft-Programmierer dieses süchtig machende Spiel programmiert, als er einsah, dass falsche Restzeitprognosen die Anwender bis in alle Ewigkeit nerven werden.

Technikärgernis Händetrockner

Und ewig rauscht der Fingerföhn

Warm, laut, lahm: Seit fast 80 Jahren pusten Händetrockner nach demselben Bauprinzip – und scheitern oft kläglich. Die Geräte hängen in fast jeder öffentlichen Toilette, trocknen aber selten richtig. Dabei gibt es wirksamere Geräte – die setzen sich aber nur langsam durch.

An deutschen Raststätten hat fast jeder Autofahrer ein eigenes Handtuch dabei. Manche tragen es um die Hüften, manche auf dem Kopf – man muss nur einmal genau hinschauen: Wenn in den Toiletten einer dieser betagten Handtrockner hängt, die röhrend heiße Luft in den Raum pusten, versuchen ein paar Unverdrossene es tatsächlich, sich damit die Hände zu trocknen.

Sie stehen ein paar Augenblicke lang vor dem röchelnden Gerät, reiben zunehmend hektisch die Hände, schalten vielleicht noch einmal den immer viel zu früh verstummenden Trockner ein. Und spätestens dann, nach dem zweiten Föhndurchgang, geben sie auf, reiben die Hände an der Hose trocken oder fahren sich durchs Haar – so wie das die Handföhnverächter aus Erfahrung gleich machen. Denn die meisten Warmlufthändetrockner brauchen gefühlt einfach zu lang.

Wie lange genau, haben zwei britische Mikrobiologen von der University of Westminister 1998 in einer Studie beziffert: Ihren Experimenten in den Institutstoiletten zufolge braucht man mit Papierhandtüchern im Durchschnitt zwölf, mit Baumwollhelfern zehn Sekunden, mit Warmlufttrocknern aber 43 Sekunden, um die gewaschenen Hände zu 95 Prozent zu trocknen.

So viel Zeit nahmen sich die beobachteten Testpersonen aber nicht, wenn sie nicht angehalten waren, die Hände völlig zu trocknen. Gut 20 Sekunden gaben Männer, 25 Frauen dem Warmlufttrockner. Dann verließen sie den Handföhn mit feuchten Händen und trockneten sie oft noch mal richtig an Hosen oder Haar ab.

Das mit den 43 Sekunden gilt für die neuen Warmlufttrockner nicht mehr. Beim deutschen Föhnhersteller Electrostar wird betont, man habe das Prinzip so weit verbessert, dass die neuen Händetrocknermodelle im Durchschnitt zwischen »20 und 25 Sekunden benötigen« und dabei »energieeffizient und wirtschaftlich« arbeiten.

Überhaupt, gibt Electrostar zu bedenken, seien die Angaben der Trocknungszeit nur schwer zu verallgemeinern: »Es gibt da keinen Messstandard, da spielen viele Parameter eine Rolle: Reiben die Menschen beim Trocknen die Hände? Schütteln sie die Hände vorher ab?«

Stimmt alles, ändert aber nichts daran, dass die meisten Warmlufthändetrockner zu lange brauchen, egal wie lange das nun im Detail ist. Das liegt wohl daran, dass sich das Konstruktionsprinzip dieser Geräte seit mehr als 80 Jahren nicht grundlegend verändert hat. 1925 verkaufte die Stuttgarter Elektrotechnische Spezialfabrik für Staubsauger und Gebläse den ersten Warmlufthändetrockner der Welt namens Electrostar. Heute heißt die Firma so, ihre Warmlufthändetrockner aber Starmix.

Und die funktionieren immer noch wie ein umgedrehter Staubsauger, saugen hinten Raumluft an und pusten sie aufgewärmt vorne wieder raus. Bei Electrostar sagt man selbst, dass Warmlufthändetrockner in den vergangenen Jahrzehnten zwar durch viele kleine Detailverbesserungen effizienter geworden sind, sich am Grundprinzip aber »nichts geändert« habe.

Das Problem dieser Bauweise: Trocken werden die Hände entweder, weil heiße Luft das Wasser verdampfen lässt oder weil ein sehr starker Luftstrom das Wasser einfach wegpustet. Zu heiß darf die Luft aus dem Hängetrockner nicht werden, sonst wird es unangenehm. Zu stark dürfen die Geräte aber auch nicht pusten, sonst landet das von den Händen weggeblasene Wasser auf der Kleidung der Benutzer.

Diese nicht ganz optimale Konstruktion dominiert komischerweise seit Jahrzehnten den Markt für Handtrockner. Vor einigen Jahren erst, so Electrostar, versuchten »asiatische Hersteller etwas Neues: Trockner mit extrem starkem Luftstrom, in die man die Hände von oben hält. Das ist die erste große Neuerung seit 1925, was den Gebrauch des Gerätes angeht.«

Eine »Neuerfindung des Händetrocknens« reklamiert aber auch der britische Hersteller Dyson für seinen Airblade: Das Gerät bläst mit 650 Stundenkilometern schneller Luft das Wasser von den oben ins Gerät gehaltenen Händen. Das dauert Dyson zufolge zehn Sekunden. Und in der Tat: Beim Selbstversuch ist das Gerät nach einem Augenblick fertig. Ich komme nicht dazu, genervt zu sein oder auch nur zu überlegen, wie schnell das wohl wirklich geht. Der Trockner ist fertig, angenehm kühl (die Luft wird gefiltert, nicht erhitzt) und die Hände sind tatsächlich trocken. Die Dyson-Trockner sind schnell. Der Hersteller wirbt auch damit, den »schnellsten hygienischen« Trockner gebaut zu haben, weil die angesaugte Luft hier gefiltert werde und nicht erhitzt, wie bei herkömmlichen Geräten. Dass Warmlufttrockner Keimschleudern sind, hört man oft. Soviel es an den antiquierten Geräten zu kritisieren gibt – das stimmt nicht.

Dyson-Handtrockner: Mit einem auf 650 Stundenkilometer beschleunigten Luftstrom pustet dieser Turbotrockner die Luft von den Händen.

Miranda Suchomel, Leiterin des Instituts für Hygiene und angewandte Immunologie der Medizinischen Universität Wien, erklärt: »Aus Hygienesicht ist es unerheblich, auf welche Art man sich die Hände abtrocknet. Abgesehen von feuchten, schon oft benutzten Handtüchern, die wahre Keimschleudern sind, sehe ich da keine hygienisch relevanten und statistisch signifikanten Unterschiede bei den diversen Einweg-Trockenmethoden.«

Die Vorstellung, dass Heißlufttrockner die Luft in Toilettenräumen ungefiltert ansaugen und erhitzen, mag unappetitlich sein. Kritisch sieht Hygieneexpertin Suchomel das nicht: »Diese Luft atmen Sie ohne jede Beeinträchtigung – dass man sich damit die Hände trockenblasen lässt, macht das nicht gefährlicher.«

Aber entscheidend ist das Hygieneargument ohnehin nicht. Es ist ja schon toll, dass nach gut 80 Jahren endlich ein paar Ingenieure Händetrockner entwickelt haben, die tatsächlich funktionieren. Diese Geräte stehen derzeit allerdings nur an wenigen Orten: Time Warner Center in Manhattan, Edel-Kasinos in Las Vegas, Buckingham Palace – diese Klasse eher. Das getestete Dyson-Gebläse hängt in den Räumen einer Hamburger Werbeagentur.

Die alten Heißlufttrockner aber laufen weiter, weil sie für die Betreiber in vielen Fällen auf lange Sicht günstig sind. Der Elektrohersteller Stiebel Eltron rechnet vor: »Die Anschaffungskosten sind gegenüber Handtuchspendern deutlich höher. Aber je stärker die Sanitärräume frequentiert werden, desto höher ist die Einsparung gegenüber anderen Systemen.« Das bedeutet im Umkehrschluss: Wer einmal viel Geld für einen Warmlufthändetrockner ausgegeben hat, nimmt die Investition nicht einfach so außer Betrieb.

TIPP:

Nehmen Sie immer ein Handtuch mit. Überallhin. Es ist so ungefähr das Nützlichste, was der interstellare Anhalter besitzen kann – so steht es im Reiseführer *Per Anhalter durch die Galaxis*. Und das stimmt.

Technikärgernis Tastenbedienung

Achtmal drücken, einmal kochen

Herd, Mikrowelle, Radiowecker, Kamera – wo früher gedreht wurde, muss man heute oft tippen. Ein Rückschritt! Drehknöpfe sind schneller und intuitiver zu bedienen – aber etwas teurer.

Die Küche meines alten Büros sah aus wie wohl jede, die sich Grafiker und Redakteure teilen: Im Kühlschrank verschimmelter vergessener Joghurt, der nicht verschimmelte verschwand immer wieder zum Ärger der Besitzer, und natürlich war die Bedienungsanleitung der Mikrowelle verschollen. Und so blieb wenigstens die sauber, da ungenutzt: Es war unmöglich, ohne eine Anleitung die Garzeit einzustellen.

Der schicke silberne Heizriese hatte als einzige Bedienelemente eine Menge kleiner schwarzer Tasten an der Front – wie man damit Zeit und Temperatur einstellt, bleibt ohne Anleitung schleierhaft.

Dabei gibt es doch seit den ersten Röhrenradios ein geniales, intuitiv erfassbares Bedienkonzept, um Werte wie Lautstärke, Temperatur, Frequenz oder Zeitintervall einzustellen: Drehknöpfe. Man erkennt sofort, in welche Richtung sie zu drehen sind, und kann das auch mal sehr schnell und dann wieder ganz langsam und genau.

Der Medieninformatiker Andreas Butz, an dessen Lehrstuhl an der Universität München auch die Bedienbarkeit von IT-Geräten erforscht wird, lobt die Vorteile von Drehknöpfen: »Sie sind schneller zu bedienen, geben direktes haptisches und visuelles Feedback und unterstützen existierende konzeptuelle Modelle aus mechanischen Zeiten.«

Butz ist selbst schon an der Tastenbedienung einer Mikrowelle gescheitert. Der Usability-Experte hatte ein Gerät mit sechs Tasten, Display und Menüsystem gekauft. Er erzählt: »Nachdem ich abends zweimal aus Versehen die Uhr auf null gestellt hatte und neu stellen musste, habe ich die Mikrowelle am nächsten Morgen zurückgetragen und ein Modell mit zwei Drehknöpfen gekauft: einer für die Leistung und einer für die Zeit.« Wie einfach dieses Gerät zu bedienen ist, merkt man daran, dass dieser eine Satz genügt, um das Bedienprinzip zu verstehen.

Aufziehen und zugucken, wie die Uhr zurückläuft, bis es Ping

Aus dem echten Leben

Kenneth Olsen, Gründer der US-Großrechnerfirma DEC, bekannte 1986 auf der Jahresversammlung der Aktionäre laut Wall Street Journal, *er könne die Mikrowelle in der Firmenküche nicht bedienen: »Ich schaffe es nicht, mir eine Tasse Kaffee aufzuwärmen.«*

macht – so einfach kann das sein. Trotzdem verschwinden inzwischen sogar am Elektroherd die Drehknöpfe. Einige Glaskeramikkochfelder zum Beispiel lassen sich über berührungsempfindliche Tasten steuern. Das hat einen Vorteil: Man muss nicht mehr die Drehschalter den Platten zuordnen – neben jedem Kochfeld liegen die entsprechenden Schalter.

Den gravierenden Nachteil dieses Bedienkonzepts spürte ich, als mir auf so einem Herd in einer Ferienwohnung das Nudelwasser überkochte, die Tasten nur mit leichter Verzögerung reagierten und die Temperatur nur langsam, Stufe für Stufe, Tastendruck für Tastendruck senkten, während mir das kochende Wasser auf die Finger spritzte.

Diese Herdtasten waren zwar lahm, aber immerhin verständlich. Microsoft-Programmierer Tom Hollander klagt, dass der Tastenherd in seiner neuen Wohnung sich beim ersten Versuch als unbedienbar erwies: »Ich konnte ihn nicht einmal einschalten oder eines der Symbole auf den Tasten entziffern, ohne das Handbuch zu lesen.«

Das schreibt ein Programmierer, der regelmäßig Vorträge über sein komplexes Fachgebiet hält. Hollander erklärt die Bedienprobleme so: »Dies ist einer der Herde mit einer völlig glatten Oberfläche ohne Drehschalter. Er hat eine Reihe flacher Tasten, mit Symbolen, die mich an nichts erinnern.«

Das abschließende Urteil des Informatikers über seinen Herd: »Er kocht ganz ordentlich, aber wenn man acht Tastenberührungen braucht, um die Platte rechts unten auf mittlere Hitze zu stellen, stimmt etwas nicht.«

Dieselben Klagen hört und liest man über viele Geräte, bei denen Tasten die Drehknöpfe abgelöst haben:

- Radiowecker, bei denen man gefühlt drei Hände braucht, um Weckzeit und Radiofrequenz einzustellen und dann zu speichern.

- Monitore, bei denen sich Helligkeit und Kontrast früher mit eigenen Drehschaltern einstellen ließen.

- Anspruchsvollere digitale Kompaktkameras, bei denen man Blendenzahl und Belichtungszeit manuell einstellen kann – mit Bedienelementen wie Mini-Joysticks an der Kamerarückseite geht das spürbar langsamer als mit einem simplen Drehrad.

Taste oder Knopf? Das ist hier die Frage. Medieninformatiker Butz schlägt als Kompromiss vor: »Tasten und Schalter zur Auswahl, Knöpfe zum Einstellen von Werten.«

Was spricht eigentlich gegen Knöpfe?

Butz: »Sie sind etwas teurer.« Und bei der Feinabstimmung sind präzise Tasten manchem kleinen Drehknopf überlegen. Und vor allem stehen Drehknöpfe nun einmal etwas ab. Bei kleinen Geräten ist das ein echtes Problem, erläutert Torsten Kiefer von der Usability-Beratungsfirma SirValUse: »Tasten lassen sich auf diesen Geräten, wie zum Beispiel MP3-Playern und Handys, wesentlich leichter integrieren.«

Als Zwischenlösung verpassen Hersteller Technikzwergen mittlerweile Bedienelemente wie das Clickwheel (eine Art berührungsempfindlicher, flacher Drehknopf) oder Wipptasten. Merkwürdig, dass man die inzwischen auf MP3-Playern, aber nicht an Mikrowellen und Elektroherden findet.

Informatiker Butz hat es nie bereut, sich ein Austauschgerät mit den zwei simplen Drehknöpfen besorgt zu haben – »damit bin ich glücklich.«

TIPP:

Gönnen Sie sich einen Drehknopf zur Entspannung. Der japanische Designer Takahiko Suzuki hat einen faustgroßen Stahldrehknopf entworfen, den man per USB-Kabel in Computer stöpselt. Mit diesem Powermate getauften Ding kann man die Lautstärke steuern, Video vorspulen und so weiter.

Technikärgernis Aufzug

Zwei Knöpfe, kein Plan

Rufgeber, Sammelsteuerung mit Zweiknopf, Umsteuerung des Schließvorgangs: So schreiben Experten über Aufzüge, und so sieht die Bedienung dann auch aus. Deutsche Liftanlagen tolerieren keine Fehler – wer den falschen Knopf drückt, muss büßen.

Es ist heiß, es ist voll, es ist Schlussverkauf im Sportkaufhaus: Vor den Aufzugtüren im Golfgeschoss drückt ein runder, kleiner Mann die beiden Pfeiltasten der Liftanlage. Immer wieder, immer schneller – er will weg und glaubt an diesen unausrottbaren Liftmythos: Wer beide Knöpfe (Fachausdruck: »Rufgeber«) drückt, halbiert die Wartezeit.

Stimmt nicht.

Aber es erklärt einem ja niemand, wie das System mit den zwei Pfeiltasten (Fachbegriff: »Zweiknopf-Sammelsteuerung«) wirklich funktioniert. Beschriftung? Intuitive Bedienung gar? Nein, es gibt nur Mythen. Diesen zum Beispiel – sehr verwegen, aber viel intelligenter konstruiert als das Alles-ganz-oft-drücken-Theorem: »Du musst nach unten drücken, der Aufzug ist ja gerade hoch«, sagt die Frau des kleinen, runden Mannes in der Golfabteilung.

Demnach müsste man also nach unten gefahrene Aufzüge hoch- und hochgefahrene Kabinen wieder herunterrufen. Völliger Quatsch natürlich, das Doppelknopf-System funktioniert so: Wer nach unten will, muss auf den Pfeil nach unten drücken. Und nur auf den. Dann halten auf der Etage bloß jene Aufzugskabinen, die nach unten unterwegs sind. So kann man in die richtige Richtung mitfahren.

Wer beide Knöpfe drückt, steigt also womöglich in einen Lift in die umgekehrte Richtung und wundert sich. Wenig später hält dann der Lift, der in die andere Richtung unterwegs war, auf der inzwischen leeren Etage. Niemand steigt ein, die Insassen ärgern sich, alles wird schlimmer.

Schuld daran sind nicht ausreichend geschulte Liftinsassen. Schlechte Gestaltung? Nicht intuitive Bedienung? Der Fachdienst Baunetz urteilt: »Trotz einfacher Bedienung ist häufig eine falsche Bedienung der Druckknöpfe festzustellen.« Die Expertenvorschläge reichen hier von »hausinternen Bedienungsanleitungen« bis zur Anregung, dass »mit der Benutzung von Zweiknopf-Steuerungen vertraute Aufzugsbenutzer« in Zukunft »frisch ertappte Fehlbediener« freundlich auf ihren Fehler hinweisen sollten.

Man könnte natürlich auch die Knöpfe anders gestalten. Oder, wenn das nichts hilft, testen, ob eine simple Einknopflösung nicht effizienter ist als zwei Pfeiltasten, die fast jeder falsch bedient.

Den so draußen eingesparten Knopf könnte man in den Liftkabinen gut gebrauchen. Wählt man in einem Aufzug in Deutschland die falsche Etage aus, muss man dort fast immer anhalten – versehentlich gedrückte Stockwerke kann man nicht abwählen.

Es ist absurd: Hat man den Backofen zu heiß eingestellt, kann man die Temperatur jederzeit herunterdrehen. Hat man die falsche Telefonnummer gewählt, kann man auflegen. Doch ein Lift verzeiht nicht: Wer die falsche Etage wählt, muss dort halten und sich ärgern. Würde der Backofen so funktionieren, müsste man zusehen, wie der Kuchen verbrennt.

Den ganzen Ärger mit den irrtümlich gewählten Zieletagen könnte eine simple Funktion beenden: Drückt man den aus Versehen betätigten Knopf noch einmal, hebt das die Auswahl auf. Schließlich kann man während der Fahrt ja auch jederzeit neue Etagen dazu wählen – warum sollte man sie also nicht auch abwählen können? In den Aufzügen des Emirates Tower in Dubai geht das, in Japan in vielen neueren Aufzügen auch.

Aber auch Aufzüge mit Abwahlfunktion sind nicht perfekt. Man erkennt manchmal einfach nicht, ob ein Stockwerk nun ausgewählt ist oder nicht. Schlechte Gestaltung kann eine gute Idee zum Albtraum machen. Ingenieur Alexander Karnath hat die trübe Beleuchtung der Etagentasten eines Außenaufzugs im indischen Bangalore genervt: »Schien die Sonne, erkannte man überhaupt nicht, ob eine Etage ausgewählt war.« Die Folge: Er drückte mehrmals auf die Taste seiner Etage – und wählte sie dadurch regelmäßig wieder ab. Wenn die Sonne in Bangalore scheint, leiden die Außenaufzugsfahrer unter der Abwahlfunktion.

Die Etagenabwahl ist sicher kein Hightech: In Deutschland konnte das mindestens ein Aufzug schon vor 15 Jahren. Im Uralt-Lift im Philosophenturm der Uni Hamburg wählte man Stockwerke mit herausstehenden Griffknöpfen. Reindrücken befahl dem Lift »Hinfahren!«, Rausziehen »Wegbleiben!«.

Das war vor 15 Jahren. Heute lässt sich in Deutschland in kaum

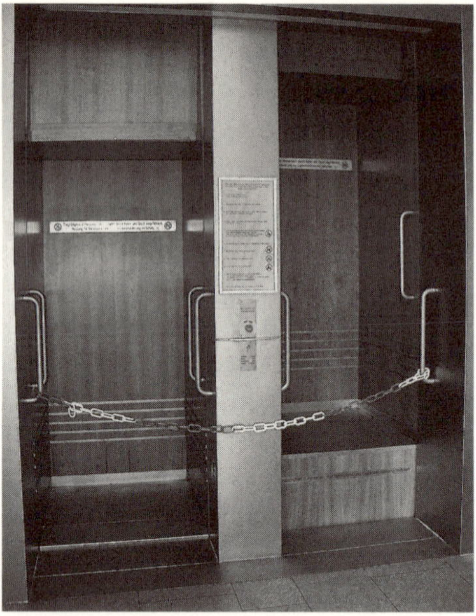

Paternoster: Rauf oder runter – im Gegensatz zu manchem Lift sieht man gleich, wohin die Fahrt geht.

einem der gut 700.000 Aufzüge eine Etage abwählen. (Auch im Hamburger Philosophenturm sind die praktischen Griffknöpfe mittlerweile wegmodernisiert worden.) Dabei ist die Liftbranche durchaus innovationsfreudig. Im Post-Tower in Bonn zum Beispiel kann man in den Hightech-Liftkabinen garantiert nie mehr die falsche Etage auswählen. Denn man kann da überhaupt nichts auswählen – das muss man vor Besteigen des Lifts erledigen.

Eine ziemlich umständliche Lösung, um so etwas Simples wie eine Abwahlfunktion zu ersetzten: Die netten Herren am Empfang erzählen den Besuchern begeistert von der Geschwindigkeit der Liftkabinen (acht Meter in der Sekunde) und erklären dann mit beruhigender Stimme vorsorglich gleich, wie man denn in die Kabine und ans Ziel kommt. Das dauert meistens länger, als man in die 40. Etage unterwegs ist. Denn intuitiv lässt sich der Post-Tower-Lift nicht bedienen: Man muss erst an einer Steuerkonsole die Wunschetage eintippen, dann wird man eingewiesen, welcher Lift dorthin fährt. Vorteil: Man kann nach dem Eintippen noch ein paar Sekunden darüber nachdenken, wohin man eigentlich wollte. Und vor dem Einsteigen wird man noch einmal an die ausgewählte Etage erinnert.

Aber sobald sich die Tür geschlossen hat, kann man nicht mehr umbuchen. Wer in die falsche Liftkabine gestiegen ist, wer sich vertippt hat und den Fehler nicht während des Wartens bemerkt, muss wohin auch immer mitfahren, aussteigen und sein Glück noch mal versuchen. Man kann in diesen Liftkabinen nicht nur die Etagen nicht abwählen – man kann nicht einmal mehr neue auswählen. Der Fahrstuhl hat die totale Kontrolle. Aber nur für kurze Zeit – die Kabinen rasen ja mit bis zu acht Metern in der Sekunde.

Zielrufsteuerung nennt der Aufzugfachmann dieses System. Es ist der Traum manchen Ingenieurs: ein perfektes System, das die Kabinen effizient wie kein anderes verteilt und eine ganz enorme Förderleistung schafft (so heißt das im Aufzugsgewerbe). Theoretisch. Voraussetzungen: Die Liftinsassen drücken immer die richtigen Knöpfchen, überlegen es sich unterwegs nicht noch mal anders und holen ihre mit der Zielrufsteuerung unerfahrenen Gäste immer im Erdgeschoss ab. Das Problem sind die Benutzer, sie passen sich einfach nicht der Aufzugstechnik an.

Seit mehr als zehn Jahren gibt es die Zielrufsteuerung, durchgesetzt hat sie sich aber bislang nicht. Der Fachdienst Baunetz erklärt: »Eine disziplinierte Bedienung des Aufzuges und Befolgung der Anweisungen sind erforderlich.« Aber wenn die Fahrgäste das Prinzip einmal begriffen, die Bedienung gelernt und die Logik der Lifttechnik verinnerlicht haben, dann funktioniert die Zielrufsteuerung perfekt.

Wenn man die Herren am Empfang des Post-Towers mit leuchtenden Augen von ihrer Liftanlage sprechen hört, ist klar: Die Zielrufsteuerung ist der Transrapid der Aufzugsanlagen – eine sehr aufwendige Erfüllung des sehr ausgefallenen Konstrukteurtraums vom perfekten Lift mit maximaler Förderleistung. Im Post-Tower klappt das mit der Zielrufsteuerung wohl nur, weil die netten Herren am Empfang allen Ahnungslosen die Lifttechnik so freundlich erklären.

Ohne diese Anleitung dürfte die Zielrufsteuerung so wenig funktionieren wie die Zweiknopf-Sammelsteuerung.

Die Aufzugbauer wehren sich übrigens gegen den Verdacht, sie seien nicht auf so etwas Banal-Praktisches wie die Etagenabwahl gekommen. Bei Osma-Aufzügen zum Beispiel könnte der eben gedrückte Etagenknopf für ein paar Sekunden blinken. Würde man währenddessen noch einmal draufdrücken, wäre die Etage wieder abgewählt. Wäre. Denn die Kunden müssen diese Funktion dazubestellen. Sie tun es aber nicht. Osma lässt wissen: »Leider wird diese Funktion nicht von sehr vielen Kunden gewünscht.«

Fürchten die Bauherren den Krieg in ihren Liftanlagen? Ein Horrorszenario: Menschen in gefühlter Eile wählen alle ausgewählten Etagen außer ihrem Ziel ab. Jede Fahrt im Lift mit Abwahlfunktion treibt den Adrenalinpegel hoch: Die Insassen belauern das Bedienpult, prüfen nach jedem Zwischenstopp, ob neu Eingestiegene wirklich nur eine Etage aus- und nicht vielleicht doch heimlich alle anderen abwählen ...

Nur die Angst vor solchem Missbrauch kann erklären, warum in deutschen Aufzügen so praktische Funktionen wie die Etagenabwahl fehlen. Ein anderes Beispiel: Tür-zu-Tasten sieht man auch in kaum einer deutschen Liftanlage, während sie etwa in der Schweiz und den Vereinigten Staaten fast überall zu finden sind. In Deutschland gibt es nur die Tür-auf-Taste. Die tut keinem weh und ist vorgeschrieben – in der Europäischen Norm EN 81 über die »Sicherheitsregeln für die Konstruktion und den Einbau von Aufzügen« einzeln für Seilaufzüge (EN81-1) und für Hydraulikaufzüge (EN81-2). Da heißt es: »Bei selbsttätig kraftbetätigten Fahrkorbtüren muss im Fahrkorb eine Einrichtung vorhanden sein, die eine Umsteuerung des Schließvorganges ermöglicht.« So ist das: Tür-auf-Tasten sind Pflicht. Tür-zu-Tasten wären bloß praktisch.

TIPP:

Bevor Sie das nächste Mal Aufzug fahren, informieren Sie sich über die korrekte Bedienung der Zweiknopf-Sammel- und Zielrufanlagen, erfragen Sie bei Verabredungen in Ihnen unbekannten Gebäuden vorab die Ausführung der Steueranlage, und weisen Sie etwaige Fehlbediener geduldig, aber bestimmt auf ihre Fehler hin. Nicht Ihr Ding? Dann sind Sie doch gar nicht der Mensch, der sich wirklich über ein paar durch dämliche Aufzugstechnik verlorene Sekunden ärgert. Falls doch: Gehen Sie mal zu Fuß. Thomas Dold schafft 86 Stockwerke mit 1576 Stufen in zehn Minuten und acht Sekunden. Und das rückwärts! Darin (Treppen rückwärts hochrennen) ist Dold Doppelweltmeister. Und er hat Waden wie Schinkenkeulen. So könnten Sie auch aussehen.

Technikärgernis Quietschsohle

Der Schuh quietscht, die Sohle pupst

Wer Turnschuhe trägt, quietscht in unpassenden Augenblicken wie ein Clown beim Laufen, vor allem auf den Böden in Kirchen, Museen und alten Schlössern. Schuld sind die Physik und immer wieder wechselnde Gummimischungen der Hersteller.

Kurz nach Mitternacht, nur zwei Leute warten am U-Bahnsteig, es ist leer und sehr, sehr still. Bis ich aus dem Regen oben komme, von der Rolltreppe steige und den ersten Schritt auf den Bahnsteigfliesen mache: Quietsch! Das klang offensichtlich nicht wie ein Mensch – die beiden Wartenden schrecken hoch, drehen ihre Köpfe in meine Richtung, schauen entgeistert. Woher kommt dieses Geräusch? Quietsch, quietsch, quietsch – jeder Schritt eine Offenbarung für die Geschockten.

Beim dritten Schritt fangen sie an zu grinsen: Meine regennassen Schuhe sind das. Ich laufe möglichst geräuscharm den Bahnsteig entlang – und watschele gerade deshalb wie eine Ente auf Hupen. Für die U-Bahnfahrer ist so etwas wohl neu, sie schauen fasziniert herüber.

Ich kenne das schon, meine Schuhe quietschen immer an solch

stillen Orten. Im Museum zum Beispiel, beim Anschleichen an eine andächtig der Referentin lauschende Gruppe. Oder auf dem Holzboden einer orthodoxen Kirche, in der gerade nur ein paar alte Damen Kerzen anzünden (grimmige Blicke nach hinten).

Das Problem haben viele Turnschuhträger, und mit merkwürdigen Mittelchen versuchen sie, die peinliche Geräuschinvasion loszuwerden. »Ich hab mal gehört, mit Haarspray einsprühen soll da helfen« klingt noch am wenigsten riskant.

Aber Haarspray dürfte quietschende Turnschuhe ebenso wenig zum Schweigen bringen wie Lederfett oder Vaseline auf der Oberseite. Denn bei Turnschuhen quietscht meistens die Sohle auf dem Boden – Folge eines Physikphänomens mit dem schönen Namen Stick-Slip-Effekt.

Dieser Reibungseffekt klingt selten gut (Geige, Cello usw.) und oft ziemlich übel (Kreide auf Tafel, Straßenbahn in der Kurve, nicht geschmierte Tür). Lederfett und Vaseline könnten Quietschsohlen also durchaus verstummen lassen, allerdings nur unter der Sohle. Und mit so geschmierten Schuhen kann man wohl kaum laufen, ohne ein paar Leute zum Lachen zu bringen.

Sportartikelhersteller Adidas erklärt, warum Turnschuhe manchmal quietschen: »Das hängt von der Materialzusammensetzung der Elastomer-Sohle, dem Profil, dem Untergrund und dem Vorhandensein von Medien wie Wasser ab.«

Über die Zusammensetzung der Elastomer-Außensohle könne man sehr gut die Reibeigenschaften einstellen. »Generell werden bei Adidas Gummimischungen eingesetzt, die nicht zu einem Quietschen führen.« Das stimmt nicht so ganz. Zumindest nicht bei meinen Adidas-Schuhen.

Geräuschquellen: Warum Schuhe quietschen

Trennmittel: *Wenn ganz neue Schuhe mit Kunststoffsohle lärmen, kann man noch hoffen. Jochen Rolle, Footwear Director beim Outdoorausrüster Jack Wolfskin erklärt: »Bei neuen Schuhen kann es anfangs zu einem Quietschgeräusch kommen, wenn bei der Produktion zu viel Trennmittel verwendet wurde. Dieses Trennmittel wird eingesetzt, um die gebackenen Sohlen gut aus den Formen herauslösen zu können.«*

Hohle Sohlen: *Manche Kunststoffsohlen enthalten Dämpfungselemente in EVA- oder PU-Mittelsohlen. Wenn unterschiedliche Materialien so verklebt oder zusammengespritzt und gebacken werden und diese Flächen »nicht ganz fest verbunden sind, können sie aneinander reiben und eventuell Geräusche verursachen«, erklärt der Experte von Jack Wolfskin.*

Einlegesohlen: *Wenn die eingelegten Sohlen bei jedem Auftreten pupsen, hilft manchmal etwas Talkumpulver. Man nimmt die eingelegte Sohle heraus, streut ein wenig von dem Pulver in die Schuhe, legt die Sohle ein, und die Chancen stehen ganz gut, dass das Geräusch verschwindet.*

Lederschuhe: *Wenn edle Schuhe mit Ledersohlen zu laut knarzen, quietschen oder knarren, reibt meistens Leder* *an Leder. Da kann oft nur ein Schuhmacher helfen – an die Geräuschquellen kommen Laien kaum heran. Helmut Farnschläder, Präsident des Zentralverbandes des Deutschen Schuhmacherhandwerks weiß: »Es gibt kein allwirksames Hausmittel gegen das Quietschen von Schuhsohlen. Das kann so viele Ursachen haben. Es kann am Absatz liegen, am Stand der Schuhe, an der Brandsohle, an den Gelenkfedern. Für die gibt es heute noch immer keinen Standard.«*

Diese Geräusche erklärt Adidas so: »Es gibt auch Fälle, wo ein Quietschen von den Konsumenten erwünscht ist, weil dieses Quietschen mit guter Traktion verbunden ist.« Beispiele: Schuhe für Hallensportarten wie Handball, Hallenfußball oder Squash. Nun ist mein Adidas Samba kein Hallen-, sondern laut Firmenprospekt ein »klassischer Allroundtrainingsschuh«. Aber sei's drum. Schuld ist die Mischung des Sohlenstoffs, und an der kann man nichts ändern.

Bei Adidas macht man Quietschgenervten auch wenig Hoffnung auf die Wirkung irgendwelcher Hausmittelchen. Ihr einziger Tipp ist Schmirgelpapier: »Aufrauen kann unter Umständen zu einer Verbesserung führen, da sich die Reibkoeffizienten verändern können. Vorsicht ist aber dennoch geboten, weil durch Veränderung der Sohlenoberfläche die Traktion auch negativ beeinflusst werden kann.«

Ärgerlich dabei ist, dass niemand so genau sagen kann, ob ein bestimmtes Schuhmodell nun quietscht oder nicht. Helmut

Farnschläder vom Zentralverband des Deutschen Schuhmacherhandwerks erklärt: »Die Zusammensetzung der Kunststoffsohlen ändert sich ständig, dafür werden von Zulieferern gekaufte Granulate angespritzt – die stellen Hersteller immer wieder um, das merken Schuhmacher dann beim Kleben. Manchmal muss man da einige Kleber ausprobieren, bis der passende gefunden ist.«

Es kann also durchaus sein, dass ein Paar eines Schuhmodells lärmt, ein anderes aber nicht. Wenn man das Pech hatte und lärmende Sohlen erwischte, bleibt wenig außer dem Fatalismus, den Quietschgeschädigte in Webforen pflegen: »Wirf die Schuhe weg, dann bist du auch das Quietschen los«, rät einer.

Sehr interessant ist auch dieser Hinweis: »Überleg dir das noch mal. Es gibt Mädchen, die von so was richtig angetörnt werden.« Ja, damit sind Quietschsohlen gemeint. Wie ernst es dem Autor damit ist, verrät leider auch der Nachsatz nicht: »Genauso gut sind Schuhe, deren Sohlen bei jedem Schritt heftig knirschen.«

Noch trösten sich Menschen mit solchen Fantasien über ihre Quietschschuhe hinweg. Aber in zehn Jahren, wenn lautlose Elektroautos durch die Stadt flitzen und die Schuhhersteller vielleicht mal bei jedem Allroundturnschuh einen lautlosen Supersohlenstoff benutzen, werden Quietschschuhe viel wert sein. Wer quietscht, wird im Straßenverkehr erkannt und nicht so leicht von abgelenkten Elektrofahrern überrollt wie die ganzen Leisetreter.

So stelle ich mir das vor, wenn ich wie ein Clown durch Kirchen laufe. Und bis es so weit kommt, treffe ich vielleicht ja noch jemanden, den dieses Geräusch so richtig antörnt.

Oder erwische einfach ein Paar leise Schuhe.

TIPP:

Wenn Ihre Quietschschuhe Sie nerven, sperren Sie sie einfach im Keller in einen Schrank, und machen Sie den erst in zehn Jahren wieder auf. Dann werden Sie dieses Geräusch lieben (Sound der Jugend usw.). Ihre Schuhe sind ein kleines Vermögen wert, und wenn Sie das Gequietsche noch aufnehmen und verkaufen, werden Sie Millionen mit Turnschuh-Ton-Downloads verdienen. Es könnte auch sein, dass das nicht klappt. Aber dann haben Sie wenigstens rechtzeitig mit dem Turnschuhtragen aufgehört. Denn wenn Sie das Quietschen nervt, sind Sie nun wirklich kein Turnschuhtyp.

Technikärgernis Zeitumstellung

Stromsparen macht die Xbox senil

Die simple Zeitmessung überfordert manches Hightech-Spielzeug: Wer seine Xbox oder den HD-DVD-Player ausstöpselt, muss bei jedem Einschalten die Uhr neu stellen. Und selbst bei neuen Handys ist Zeitumstellung Handarbeit – obwohl die Geräte ständig im Funknetz online sind.

Mein HD-DVD-Player protestiert gegen Umweltschutz. Wenn der Toshiba-Abspieler ein paar Stunden vom Stromnetz getrennt war (Energie sparen!), motzt er beim Start immer so: ein verärgertes Piepsen, ein blauer Startbildschirm mit dem Kommando »Uhr einstellen«. Dann braucht man mindestens fünf Klicks mit der Fernbedienung, um sich durch das eingeblendete Einstellungsmenü für Zeitzone, Jahr, Monat, Tag und Zeit bis zum OK-Knopf zu hangeln.

Wer die Uhr korrekt einstellt, ist noch viel länger beschäftigt – aber wer will das schon, der DVD-Abspieler vergisst die Uhrzeit ja sowieso, wenn er nicht im Stand-by-Modus läuft.

Kann das denn so schwierig sein?

Seit 1923 gibt es auf diesem Planeten Automatikuhren – da kann man doch erwarten, dass eine immer funktionierende Uhr in einem 300 Euro teuren HD-DVD-Player steckt. Aber nein – wer seinen Toshiba HD-EP10 nicht ständig laufen lässt, wird bei jedem Start aufgefordert, die Zeit neu einzustellen. Der Hersteller hat sich offensichtlich den Miniakku für die Zeitpufferung gespart.

Natürlich lässt sich die nervige Zeitstell-Ermahnung nicht abschalten.

Aber immerhin lässt sich beim Toshiba-Player die Uhrzeit ohne größere Probleme einstellen (wenn auch jedes Mal neu). Das endet bei anderen Geräten oft im totalen Chaos. Denn selbst die teuerste Alltagstechnik beherrscht eine der simpelsten und ältesten Aufgaben kaum: die Zeitmessung.

Senile Xbox, Zeitreise-Handy, Kilometer-Uhrzeit – immer wieder scheitern Produktdesigner an der Zeitumstellung.

Der DVD-Player ist nicht unbedingt auf die aktuelle Zeit angewiesen, um Filme abzuspielen. Anders ist das bei Microsofts etwa 180 Euro teurer Spielkonsole Xbox 360 – hier ist eine konstante Zeitmessung sehr sinnvoll, damit die Software nachvollziehen kann, welchen Spielstand der Besitzer zuletzt gespeichert hat.

Aber auch Microsoft hat offensichtlich am Zeitpuffer gespart. Viele frustrierte Spieler beklagen das in Internetforen: »Microsoft geizt da wohl an einer Knopfzelle. Dabei ist die Uhrzeit bei diesem Gerät sogar richtig sinnvoll – sie wird bei Spielständen mitgespeichert und angezeigt.« Die Folge sind Speicherprobleme, wie sie ein Leser des Spielemagazins *Gamepro* im Spiel Far Cry Instinct beklagt: »Egal wie weit ich im Level vorankomme, das Spiel speichert zwar, aber ich werde immer zu der Stelle mit dem LKW zurückversetzt.«

Aus dem echten Leben

Irgendwie verliert meine XBox immer die Datums- und Zeiteinstellungen. Allerdings muss ich sagen, dass ich abends immer den Stecker vom Netzteil abziehe, weil mich das Blinken nervt. Kann das daran liegen?
(ein Stromsparer im Webforum Computerbase)

»Das ist ganz normal!«

»Wenn dein Netzteil so offen herumliegt und du das Blinken nicht aushältst, musst du halt einen kleinen Aufkleber drübermachen, damit wäre das Problem um einiges eleganter gelöst, als die Konsole immer komplett auszustecken.«

»Wenn die Box am Internet angeschlossen wäre, wäre das kein Problem, da dann die Uhrzeit nach dem Aufstarten selbstständig eingestellt würde.«

Zumindest bietet die Microsoft-Konsole eine leidlich brauchbare Alternative zum Dauer-Stand-by oder ständigem Neustellen der Uhr: Wenn die Konsole online ist, holt sich die Software die aktuelle Uhrzeit nach dem Einschalten automatisch von einem Microsoft-Server.

Es klingt vielleicht ein wenig umständlich, ein Netzwerkkabel in einen Router zu stöpseln, um die aktuelle Uhrzeit abzurufen. Aber das ist geradezu komfortabel im Vergleich zu den Methoden, die manche Handyhersteller ausgetüftelt haben.

Obwohl Mobiltelefone ja die meiste Zeit online sind und in fast jedem Mobilfunknetz die aktuelle Uhrzeit abfragen könnten, machen das noch lange nicht alle Geräte. Und wenn sie es versuchen, klappt es nicht immer. Beim Test des LG-Handys HB620T zum Beispiel versagte die Funktion »automatisch aktualisieren« im Menü »Datum & Zeit«: Wer um neun Uhr deutscher Zeit auf diese Weise die »aktuelle« Uhrzeit abruft, ist laut LG-Handy plötzlich in einer Zeitzone, in der es acht Uhr früh ist.

Erklärung: Die Software des Handys (das bei Markteinführung stolze 399 Euro kostete) kommt mit der Sommerzeit einfach nicht zurecht. Wer die Uhrzeit seines LG-Telefons »automatisch aktualisieren« will, kann das nur, wenn Winterzeit gilt. Für die anderen Monate hat das LG-Handy im Uhrzeitmenü ganz am Ende die Option »Sommerzeit« (in der logischen Abfolge nach »Zeit«, »Datum« und »Autom. Aktualisieren«). Da muss man dann zwischen den auf Anhieb wenig aussagekräftigen Optionen »Aus«, »1 Stunde« und »2 Stunden« wählen.

Die leichte Sommerverwirrung des LG-Handys ist nichts im Vergleich zum Zeitchaos bei einigen Smartphones des legendären Taschencomputerherstellers Palm. Das Modell Treo 750 hat schon einige meiner Kollegen verzweifeln lassen, weil das Gerät immer wieder Termine nach einer nicht zu durchschauenden Systematik einen halben Tag zurückverlegte, gerne auch Notiztermine zu Geburtstagen, sodass die Glückwunschanrufe einen peinlichen Tag zu früh kamen.

Im Netz findet man schnell Anschluss zur großen Leidensgemeinschaft von Treo-Zeitzonen-Opfern. Einige der Klagen: »Immer wenn man in der Uhrzeit und Weckereinstellung Änderungen vornimmt, springt die Zeitzone auf GMT -8 zurück. Meine 8-Uhr-Termine stehen dann immer auf 23 Uhr einen Tag vorher.«

Ein anderer Treo-Besitzer berichtet: »Das neue Teil ändert selbsttätig die Uhrzeit. Mit schöner Regelmäßigkeit werde ich ohne jegliche Aktivität nach Seattle ›gebeamt‹ incl. der Verlegung sämtlicher Termine um +8 Stunden. Ein Zurücksetzen der Uhrzeit und der Zeitzone hält zwischen 5 Minuten und 2 Tagen. Dann das gleiche Spiel wieder.«

Die Lösung dieser Macke ist so absurd wie das Problem selbst: In den Einstellungen des Palm-Unterwegstelefons muss man die Uhroptionen »Zuhause« und »Besucht« auf dieselbe Zeitzone stellen. Was immer das bewirkt – den meisten Treo-Opfern in den Leidensforen scheint dieser Trick geholfen zu haben.

Aber es geht noch einfacher: Palm hat nach Bekanntwerden des Problems einen Patch für das betroffene System veröffentlicht, der sich kostenlos von der Palm-Seite laden lässt.

Zähle ich die Uhren in meiner kleinen Wohnung durch, komme ich auf ein gutes Dutzend. Nicht jede ist so kompliziert zu stellen wie der chinesische Radiowecker in Kühlschrankform, der fünf völlig gleich aussehende Knöpfe (abgesehen von den Buchstaben A bis E) hat und deren Bedienung mit schönen Sätzen wie diesem erklärt: »Press Button A x 6 to set the time (hour). PS. Press Button B or C to adjust the hour.«

Das Problem bei all diesen Uhren ist, dass jede einer anderen, nicht intuitiv zu erfassenden Bedienlogik folgt.

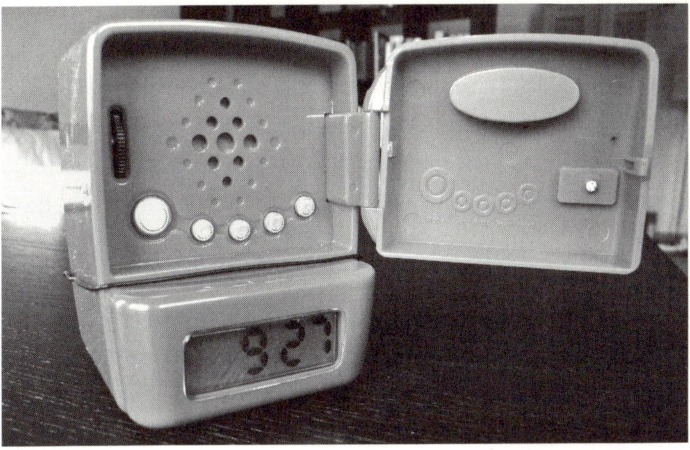

Kühlschrankwecker: Um die Weckzeit einzustellen, muss man drei Tasten in bestimmter Reihenfolge drücken. Welche bloß?

Besonders fies ist die Digitaluhr in meinem Citroën Saxo. Die Bedienung wirkt auf den ersten Blick so simpel wie einleuchtend: Neben der digitalen Uhranzeige ragt ein Knopf aus dem Armaturenbrett. Die Intuition sagt: Dreht man nach rechts, stellt man die Uhr vor. Die Bedienungsanleitung sagt etwas ganz anderes: »Durch Druck auf den Knopf A wird zwischen der Anzeige des Gesamtkilometerzählers und des Tageskilometerzählers umgeschaltet. Durch langes Drücken des Knopfes wird der angezeigte Tageskilometerzähler auf Null gesetzt.«

Knopf A ist tatsächlich der Knopf neben der Uhr – den Schalter für die Zeitumstellung haben die Designer ganz rechts, neben dem Drehzahlenmesser versteckt. Und man dreht ihn nicht, sondern drückt. Zitat Bedienungsanleitung:

»Die Einstellung der Uhrzeit erfolgt bei eingeschalteter Zündung und abgestelltem Motor durch Drücken des Knopfes B für mehr als drei Sekunden. Kurzer Druck, langsamer Durchlauf. Wenn der Knopf fünf Sekunden lang nicht gedrückt wird: Die Stunde wird gespeichert, die Minuten blinken.«

Warum muss man hier drücken, wenn man doch von jeder Armbanduhr das Drehen zur Zeiteinstellung verinnerlicht hat?

TIPP:

Nutzen Sie den Feierabend sinnvoller. Statt DVDs zu gucken und an der Xbox zu daddeln können Sie doch mal die 42 Uhren an Ihren kleinen und großen Elektrogeräten stellen (Auto nicht vergessen!). Wenn Sie damit fertig sind, läuft der davor eingeschaltete DVD-Player vielleicht schon. Dann geht höchstwahrscheinlich bloß seine Uhr falsch. Oder schmeißen Sie alle Ihre Uhren weg, und schleppen Sie stattdessen eine riesige Sanduhr mit sich herum. Sie werden berühmt (für ein paar Tage), wenn Sie bei den ersten Interviews vor den Kameras der angereisten Boulevardmagazine etwas wie die Initiative »Handyuhr oder Sommerzeit!« ausrufen. Es ist viel wahrscheinlicher, dass in Deutschland Handyuhren oder Mobiltelefone überhaupt (Strahlung!) verboten werden, als dass die Sommerzeit verschwindet. Sie können dann immer noch nach Island auswandern. Da gibt es keine Sommerzeit, aber angeblich auch keinen Sommer.

Technikärgernis Schaltauge

Dieses Metallplättchen legt Fahrräder still

Kleines Verschleißteil, große Wirkung: Reißt am Fahrrad das Schaltauge, wartet man schon mal Wochen auf Ersatz. Es gibt ein paar Hundert Varianten des Bauteils, manche sind lange nicht mehr lieferbar, andere nur nach vielen Wochen. Alternativen: schweißen, flexen, fräsen.

Der Fahrradärger begann ganz unspektakulär, auf einem asphaltierten Radweg in Hamburg ohne Schlamm, ohne Steigung, ohne Äste. Das Rad rollte ruhig dahin, plötzlich hakte die Schaltung. Knack. Kein Widerstand mehr in den Pedalen, irgendwas schleifte hinter dem Rad her. Kette gerissen? Nein. Ein Metallstück, groß wie ein Snickers-Riegel, war sauber in der Mitte durchtrennt, das Schaltwerk abgebrochen. Der gerissene Metallriegel, der es am Rahmen fixiert hat, heißt Schaltauge. Dieses unscheinbare Metallstück treibt Radfahrer regelmäßig in den Wahnsinn.

Denn es gibt für fast jeden Rahmen ein spezielles Schaltauge. Jedes hat eine etwas andere Form, ordnet die Gewinde ein wenig anders an. Die Folge: Solange man nicht das eine, einzig passende Ersatzschaltauge unter Hunderten von anderen als Ersatzteil bekommt, ist ein Fahrrad komplett unbrauchbar. Wegen eines Metallplättchens.

Auf mein Ersatzschaltauge musste ich viele Wochen warten. Bei Hamburger Händlern fand sich kein Ersatz für mein Winora-Rad (süddeutsches Rad in Hamburg = schlecht!), in Onlineshops und bei eBay auch nicht, bei Winoras Ersatzteiltochterfirma Wiener Bike Parts darf ich nicht bestellen – »nur für Fachhändler«. Das Rad stand also in einer Werkstatt und wartete auf das Ersatzteil. Unterwegs sollte es sein – aus Schweinfurt. Das dauert offenbar.

Der einzige Trost in dieser Wartezeit sind die Horrorgeschichten über Schaltaugendebakel in Mountainbike- und Rennradforen. Es könnte ja alles noch viel schlimmer sein. So zum Beispiel:

- »Ich versuche schon seit fast zwei Monaten in Braunschweig ein Schaltauge für mein MTB zu bekommen.«
- »Ich suche auch schon länger ein neues Schaltauge für einen acht bis zehn Jahre alten Gary Fischer Z2 Y-Rahmen. Werd gleich mal ein Bild machen. Vielleicht kann jemand helfen.«
- »Alternativ kann man selber was dranschweißen oder ein neues Ausfallende einlöten lassen (mit Lackierarbeit verbunden) – da muss der Rahmen schon was wert sein.«
- »Einfach dickes Blech ranschweißen und M10x1 reinschneiden – Gewindeschneider sind ja nicht so teuer.«

Schaltaugen scheinen die Staubsaugerbeutel des Sports zu sein. Die Modellvielfalt ist unüberschaubar. In der schönen Übersicht »Schaltaugen 1999 bis 2006« zählt der Hamburger Radbauer Stevens Bikes zum Beispiel für manche Radmodelle innerhalb von fünf Jahren drei verschiedene Schaltaugentypennummern auf. Ein netter Hinweis am Rande: »Im Zweifelsfall überprüfen Sie bitte die Form des Schaltauges anhand der Fotos auf der separaten Seite.«

Warum die Schaltaugen so variieren? »Je nach Rahmenproduzent und Konstruktion ist oft ein eigenes Schaltauge im Einsatz«, erklärt man bei Stevens Bikes. Wenn die Firma also einen anderen Rahmen für ein Modell verwendet, gibt es neue Schaltaugen. Man gebe sich aber Mühe, die Vielfalt zu reduzieren und die Ersatzteile mindestens zehn Jahre lang lieferbar zu halten. »Es ist richtig, dass das Schaltauge ein oft benötigtes Ersatzteil ist und die Beschaffung je nach Fahrradhersteller eine rasche oder langwierig-mühselige Angelegenheit sein kann.«

Das Aberwitzige daran: Nur vergleichsweise teure Fahrräder haben überhaupt auswechselbare Schaltaugen. Der Ansatz ist durchaus kundenfreundlich: Wer einen teuren Rahmen hat, will den wohl kaum nach ein paar Jahren wegwerfen, weil er verzogen ist. Ohne Schaltauge könnte das passieren. Zum Beispiel, wenn irgendetwas (Äste, Mauern, der Boden beim Sturz) gegen das Schaltwerk schlägt und das verbogene Schaltwerk in die Speichen gerät. Das Schaltauge wirkt dann als Sollbruchstelle.

Kundenfreundlich wäre das, wenn man tatsächlich Ersatz für dieses Plättchen erhielte und darauf nicht ein paar Wochen warten müsste. Das Schaltaugenkuddelmuddel erschwert das natürlich ein wenig – welcher Händler wird schon alle Modelle auf Lager haben? Man weiß ja nicht einmal, wie viele es überhaupt gibt.

Das weiß auch Michael Schuh nicht, obwohl der Fahrradhändler einen auf Schaltaugen spezialisierten Webshop betreibt. Wie viele Ausführungen dieses Metallplättchens es gibt? Schuh:

»Hunderte bestimmt, kann ich nicht genau beziffern.« Er hat in seiner Werkstatt über die Jahre eine Sammlung angelegt. Immer wenn er für eine Reparatur ein neues Schaltauge besorgte, kaufte er noch eins extra fürs Lager und fotografierte es.

Schaltauge: Diese Metallstücke halten bei Fahrrädern das Schaltwerk – es gibt fast für jedes Rahmenmodell ein ganz spezielles Formmuster.

Die britische Schrauberwerkstatt Betd hat daraus sogar ein internationales Geschäft gemacht: Das Unternehmen baut selbst Schaltaugen nach. Gut 160 Modelle sind im Angebot, die Preise in Dollar, Euro und Pfund ausgezeichnet – offenbar kaufen hier Radler aus der halben Welt Schaltaugen nach. Die Produktbeschreibung klingt entsprechend: »Mech hanger, derailleur hanger, Forcellino, Schaltauge – call them what you want.«

Aber warum gibt es davon so viele? Technische Gründe hat das wohl kaum, urteilt Schaltaugenhändler Michael Schuh. Ein paar unterschiedliche Basisausführungen seien technisch bedingt, bei einem Rennrad etwa seien Abstand und Höhe des Schaltwerks zur Hinterachse anders als bei einem Mountainbike. Schuh: »Solche Unterschiede geben die Hersteller von Schaltwerken vor, da müssen die Rahmenbauer die Schaltaugen anpassen. Aber diese echten technischen Unterschiede erklären vielleicht fünf verschiedene Modelle von Schaltaugen.«

Und die anderen gefühlten 10.000 Modelle? Es gibt keinen internationalen Schaltaugenstandard – das erklärt zumindest die Unterschiede zwischen den verschiedenen Radbauern. Allerdings wechseln bei Firmen wie Stevens Bikes Schaltaugentypen ja nicht nur zwischen den einzelnen Modellen, sondern sogar zwischen Herstellungsjahren. Die plausibelste Erklärung dafür hat Schaltaugenhändler Schuh: »Rahmen werden in Taiwan gefertigt, nach Vorgaben zum Preis und zum Aussehen und so weiter. Wenn plötzlich ein Zulieferer einen außergewöhnlich guten, günstigen Rahmen anbietet, greifen Hersteller natürlich zu. Wie Schaltaugen auszusehen haben, ist da nachrangig.«

Ähnlich erklärt der Pressedienst Fahrrad – eine Art Interessenverband der Fahrradindustrie – die Vielfalt.

Die Zulieferer würden oft für verschiedene Marken Rahmen bauen, dabei entweder die Schaltaugen angleichen oder »aus Patent- und Geschmacksmusterschutzgründen« das Gegenteil tun: »Durch Veränderung für mehr Unterscheidbarkeit sorgen.« Beim Pressedienst heißt es: »Beides passiert nicht selten, ohne dass die Marken darüber im Vorfeld informiert werden.«

Angesichts dieses Durcheinanders klappt die Versorgung mit Ersatzteilen meistens sogar recht gut, muss sogar Schaltaugenhändler Schuh zugeben. Probleme gebe es vor allem »bei exotischen, auch teuren Rahmen, bei älteren Modellen und auch mal, wenn man das Ersatzteil bei einer Werkstatt in einer Gegend kaufen will, wo der Hersteller nicht so stark vertreten ist«.

So wie bei meinem süddeutschen Winora-Fahrrad in Hamburg. Nach zweieinhalb Wochen konnte ich wieder mit diesem Rad fahren. Ich spare jetzt für ein Zweitrad, ein Hollandrad ohne Schaltauge.

TIPP:

Wenn Sie ein Fahrrad kaufen, nehmen Sie dasselbe noch mal. Das hilft der Wirtschaft und Ihnen, weil immer eines der beiden kaputt sein wird. Wenn Sie schon ein Fahrrad haben, fangen Sie besser gleich an, nach einem Schaltauge zu suchen. Die Chancen stehen 50:50, dass Sie es finden, bevor Ihr Schaltauge reißt. Wenn alles zu spät, das Schaltauge kaputt und Ihr Rad zu alt, zu teuer, zu exotisch ist: Beschaffen Sie sich Winkelschleifer, Schweißgerät, Gewindeschneider, und schweißen Sie sich ein eigenes Schaltauge zusammen. Wie das geht, erklären Ihnen Leidensgenossen in diversen Fricklerforen im Internet liebend gern. Die Erfolgsaussichten sind nicht schlecht: Es ist wahrscheinlicher, dass Sie Ihr Erstfahrrad zerlegen, als dass Sie Ihren Keller dabei anzünden.

Technikärgernis Autolicht

Glühbirne wechseln? Auto demontieren!

Kühlergrill abschrauben, Batterie ausbauen, dann endlich die Birne wechseln: je moderner die Autos, desto komplizierter oft der Glühbirnenwechsel. Manche Hersteller geben Laien gar keine Wechselanleitung mehr, nur den Rat: Werkstatt! Dabei geht es auch sehr einfach.

So klingt Autoschrauberfrust: »Ewig geschuftet und nichts erreicht außer wunden Händen« – wer beim Auto eine Scheinwerferglühbirne wechseln will, hat hinterher oft nichts als Ärger und eine neue Horrorgeschichte fürs Kaffeekränzchen parat.

Ist es wirklich so schwierig, ein Auto zu konstruieren, bei dem ein Nichtmechaniker an die Glühbirnen kommt?

Es scheint so. Tester des Magazins *Auto Bild* haben 2008 bei 36 aktuellen Pkw-Modellen den Glühlampenwechsel versucht. Ergebnis: Nur bei 18 Autos ist der Wechsel einfach. Einige der Negativbeispiele laut *Auto Bild*:

- Audi A4: »Zuerst Verkleidungen demontieren, dann Scheinwerfer ausbauen. Besser in die Werkstatt.«

- Audi A6: »Wechsel nur in der Werkstatt möglich.«
- Renault Clio: »Wechsel nur in der Werkstatt möglich.«
- Honda Civic: »Auf der Fahrerseite muss die Batterie ausgebaut werden. Wir empfehlen die Werkstatt.«

An der Größe des Autos kann es also nicht liegen – der Wechsel ist bei manchen Pkw-Riesen genauso kompliziert wie bei einigen Kleinwagen.

Warum das bei einigen Audi-Modellen so schwierig ist, erklärt der Hersteller so: »Das Vorhalten von Greifraum für Lampenwechsel führt zu permanenten Nachteilen hinsichtlich cw-Wert und Design.«

Außerdem gelte für alle Hersteller, so Audi, dass »mehr Innenraum bei weniger äußerer Größe und einer stetig steigenden Zahl von Komfortsystemen angeboten werden muss«. Abgesehen davon sei bei Audi-Modellen ein Wechsel immer seltener nötig – wegen spezieller Longlife-Lampen und der Vermeidung von Überspannungen durch ein spannungsgeregeltes Bordnetz.

Ähnlich erklärt man bei Renault den manchmal komplizierten Wechsel. Durch die »gestiegenen Anforderungen an Sicherheit (Insassen- und Fußgängerschutz) und Komfort (Klimaanlage) wurde der Motorraum zu klein, um große Freiräume zum Wechsel der Birnen zu lassen.«

Renault rät Kunden vom eigenständigen Glühbirnenwechsel generell ab bei den Modellen Modus, Clio, Mégane, Koleos, Laguna und Vel Satis, da hier die »Demontage einiger Bauteile im Motorraum« nötig sei. Grund dafür laut Renault: »Die spezifische Anordnung dieser Teile ist notwendig, um die bestmögliche Crash-Sicherheit zu erzielen, die bei der Entwicklung von Renault-Modellen oberste Priorität hat.«

Es stimmt schon: Heute bringen die Hersteller viel mehr Technik in immer kleineren Motorräumen unter als noch vor zehn Jahren. Da war der Glühbirnenwechsel meistens viel einfacher als heute – es war einfach mehr Platz da. Das bestätigt Bernd

Aus dem echten Leben

Muss die Glühlampe hinten an meinem A3 (8P) tauschen. Kann mir einer erklären, wie ich am besten an die Glühlampe komme, ohne vorher eine Kfz-Mechanikerausbildung machen zu müssen?
(ein Lampenopfer im Webforum motor-talk)

»G12V10W kann auch P12V10W sein – ist identisch.«

»Deckel auf der linken bzw. rechten Seite vom Kofferraum abmachen, die darunter liegende Schraube lösen (Sechskant), dann kannst du das Rücklicht leicht nach außen schwenken, erst von unten her aus der ersten Halterung und im Anschluss dann aus der zweiten oberen Halterung ziehen.«

»Denjenigen, der das entwickelt hat, sollte man mal das Rücklicht bei -15° wechseln lassen.«

Volkens, Redakteur im Ratgeberressort bei *Auto Bild*: »Servolenkung, Klimaanlage und so weiter, da ist der Platz inzwischen bis auf den letzten Millimeter ausgereizt.«

Natürlich leidet darunter die Erreichbarkeit einzelner Teile – generell. Doch einige Hersteller schaffen es trotz Platzmangels, die Glühbirnen einigermaßen erreichbar zu gestalten. Autotester Volkens: »Bei manchen Modellen kann man als Laie mit etwas Mühe die Glühbirnen wechseln, bei anderen geht das kaum ohne Verletzungen an den Armen und viel Zeit.«

Ein Positivbeispiel ist der VW Golf: Beim Modell IV riet Volkswagen noch allen Kunden, zum Lampenwechsel in

Werkstattrechnung: Die Glühlampe ist billig, die notwenigen Ein- und Ausbauten zum Wechseln kommen erheblich teurer.

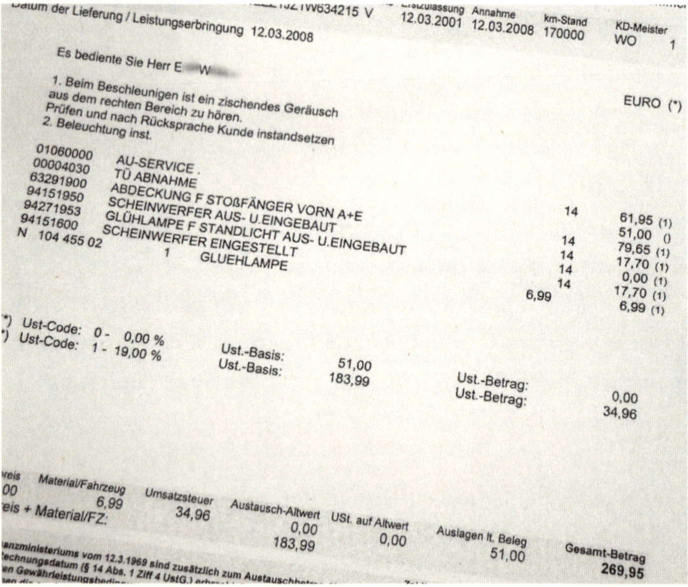
Datum der Lieferung / Leistungserbringung 12.03.2008 1W634215 V
Erstzulassung 12.03.2001 Annahme 12.03.2008 km-Stand 170000 KD-Meister WO 1

Es bediente Sie Herr E W

1. Beim Beschleunigen ist ein zischendes Geräusch aus dem rechten Bereich zu hören.
Prüfen und nach Rücksprache Kunde instandsetzen
2. Beleuchtung inst.

EURO (*)

01060000	AU-SERVICE .	14	61,95 (1)
00004030	TÜ ABNAHME		51,00 ()
63291900	ABDECKUNG F STOßFÄNGER VORN A+E	14	79,65 (1)
94151950	SCHEINWERFER AUS- U.EINGEBAUT	14	17,70 (1)
94271953	GLÜHLAMPE F STANDLICHT AUS- U.EINGEBAUT	14	0,00 (1)
94151600	SCHEINWERFER EINGESTELLT	14	17,70 (1)
N 104 455 02	1 GLUEHLAMPE	6,99	6,99 (1)

(*) Ust-Code: 0 - 0,00 % Ust.-Basis: 51,00 Ust.-Betrag: 0,00
(*) Ust-Code: 1 - 19,00 % Ust.-Basis: 183,99 Ust.-Betrag: 34,96

Preis	Material/Fahrzeug	Umsatzsteuer	Austausch-Altwert	USt. auf Altwert	Auslagen lt. Beleg	Gesamt-Betrag
00	6,99	34,96	0,00	0,00	51,00	269,95
Preis + Material/FZ:			183,99			

...nzministeriums vom 12.3.1969 sind zusätzlich zum Austauschb...
...echnungsdatum (§ 14 Abs. 1 Ziff 4 UstG.) erh...
...en Gewährleistungsbedin...

die Werkstatt zu fahren. Denn beim Golf IV muss man die Front samt Stoßfänger und Kühlergrill demontieren, um den Scheinwerfer ausbauen und dann endlich die Lampe wechseln zu können. Das nervt heute noch Hunderttausende von Golfbesitzern. Das Nachfolgemodell Golf V zeigt, dass es auch ganz einfach geht: Hier sitzen die Lampen auf Trägern, die man ohne Werkzeug lösen kann.

Dazugelernt haben auch die Smart-Konstrukteure. 2004 kritisierte der ADAC in einem Test, dass die ganze Frontschürze abgebaut werden muss, um die Glühlampe zu wechseln, und dass Smart diese heikle Demontage nicht mal ordentlich im Handbuch beschreibt, sondern Kunden gleich zum Wechsel an einen Smart-Betrieb verweist. Vier Jahre später lobt *Auto Bild* den simplen Lampenwechsel beim Smart Fortwo – der sei »ohne Werkzeug in fünf Minuten« zu erledigen.

Nachdem also ein so simpler Vorgang wie der Glühlampenaustausch bei vielen modernen Autos lange Zeit immer schwieriger wurde, gibt es inzwischen bei manchen Modellen Besserung. Ein Grund dafür könnte eine seit 2007 geltende neue technische Vorschrift (eine Ergänzung der sogenannten ECE-Regelung R 48) sein. Demnach muss die Lichtquelle bei neuen Pkw-Modellen mit Bordwerkzeug auszutauschen sein.

Wer sich heute für ein paar Zehntausend Euro einen Neuwagen leistet, hat also bessere Chancen, ein Modell zu erwischen, bei dem auch Nichtmechaniker die Glühlampen wechseln können.

Außer natürlich, er kauft ein Auto mit Xenonlicht (muss wegen Hochspannung zum Wechsel in die Werkstatt) oder LED-Leuchtmitteln (meist gar nicht wechselbar).

Aber die sollen auch ein Autoleben lang halten. Theoretisch.

TIPP:

Glauben Sie nicht an vermeintliche Patentrezepte. Nachdem allzu große Autos ein wenig aus der Mode gekommen sind, versuchen verzweifelte Händler die Riesenkarossen mit neuen Tricks loszuwerden. »Hier kriegt sogar ein Elefant die Glühbirnen raus«, heißt es dann. Aber Vorsicht: Riesenautos bringen ganz neue Probleme. Zum Birnenwechsel muss man meist in den Motorraum hineinkriechen. Nehmen Sie ein Funktelefon mit! Fällt die Haube zu, können Sie so Hilfe rufen. Sollten aus dem Motorraum Ihres Geländewagens Flüche schallen, fahren Sie im Schritttempo zur nächsten Werkstatt, und lassen Sie Fachleute das Familienmitglied entfernen, das die Birnen wechseln wollte. Kommt hingegen ein Miauen aus der Motorhaube, fahren Sie in den nächsten Zoo. Wahrscheinlich ist ein entlaufener Tiger in Ihrem Auto stecken geblieben.

Technikärgernis Rechtschreibprüfung

Barock Obama und die Stinker-Raketen

Internat statt Internet, NATO statt Nano, Cupertino statt Kooperation: Das kommt raus, wenn Software Texte verbessert. Die Korrekturkomik findet man sogar in offiziellen Dokumenten der EU und Nato. Experten sagen, die Programme könnten einfach nicht perfekt sein – aber lustig!

Auf Seite 15 von 43 wird das NATO-Forschungspapier zur »Interoperabilität innerhalb der Allianz und mit Koalitionspartnern« richtig lustig: Da schreibt der Autor, man könne die technische Vernetzung der NATO mit anderen Organisationen verbessern – zum Beispiel mit der »Organisation for Security and Cupertino in Europe«.

Die Organisation für Sicherheit und Cupertino?

Cupertino?

Der Ort in Kalifornien, in dem Apple seinen Firmensitz hat?

Gemeint ist die OSZE, die Organisation für Sicherheit und Zusammenarbeit in Europa. Und geschrieben hat der Autor im englischen Original ganz sicher zuerst auch »cooperation«. Woraus die Rechtschreibprüfung dann Cupertino machte.

Der NATO-Autor ist 1999 Opfer des Cupertino-Effekts geworden. Eine ältere Version von Microsofts Textverarbeitungsprogramm, offenbar Word 97, hat in manchen Fällen in englischen Texten als Ersatz für die Eingabe co-operation (wohl in dieser Schreibweise) die Stadt Cupertino vorgeschlagen. Der US-Linguist Benjamin Zimmer hat diese verblüffenden Fehler eingehender erforscht. Er zitiert den Beitrag einer EU-Übersetzerin, die den Fehler im Jahr 2000 »Cupertino-Effekt« taufte. Zimmer urteilt heute: »Trotz aller Fortschritte der Softwareentwickler können die Korrekturprogramme nie perfekt sein.« Er glaubt, dass Fehler wie der Cupertino-Effekt »in der einen oder anderen Form immer wieder auftauchen werden«. Aber Zimmer weist darauf hin: »Das sind nur Empfehlungen. Letztendlich ist es die Aufgabe des Menschen, aufmerksam genug zu sein, um die falschen von den richtigen Korrekturvorschlägen zu unterscheiden.«

Das ist offenbar nicht immer der Fall. Auf den Webseiten des EU-Parlaments, der NATO und der UNO findet man heute noch Hunderte offizieller englischsprachiger Pressemitteilungen, Erklärungen und Dokumente, in denen an merkwürdigen Stellen »Cupertino« steht. Zum Beispiel: »In dem deutsch-italienischen Kampfverband erwies sich die Cupertino mit unseren italienischen Kameraden als sehr fruchtbar.«

Im Redaktionsalltag liefern die Rechtschreibprüfungen von Microsoft Word 2002 und Mac Word 2008 kuriose Korrekturvorschläge. Einige Beispiele:

- Stinker-Rakete statt Stinger-Rakete
- Barock Obama statt Barack Obama
- Pädophilie statt Pädophile
- NATO-Maßstab statt Nano-Maßstab

Warum schlägt Word so etwas vor? André Kramer, Redakteur beim IT-Magazin *c't*, hat eine Magisterarbeit über Rechtschreibkorrektursysteme geschrieben und erklärt die merkwürdigen Korrekturvorschläge mit dem Umfang des Lexikons der Korrektursoftware: »Es dauert oft eine Weile, bis Begriffe wie Hedgefonds, Punkrock, Gigabit und al-Qaida Eingang ins Lexikon finden. Bei solchen unbekannten Begriffen schlägt die Software den am wahrscheinlichsten gemeinten Begriff aus dem Lexikon vor.«

Welcher Begriff am wahrscheinlichsten gemeint sein könnte, errechnet eine Rechtschreibprüfung in einem mehrstufigen Verfahren. Softwareexperte Kramer erklärt das Prinzip so: »Da wird einbezogen, wie häufig einzelne Tippfehler auftreten. Das kann, muss aber nicht zwangsläufig etwas mit der Nähe der einzelnen Tasten zu tun haben.«

Welcher Korrekturvorschlag als Erster genannt und bei einer Autokorrektur auch eingesetzt wird, berechnet die Software anhand der Wahrscheinlichkeit, dass die als möglicher Ersatz ausgemachten Wörter überhaupt gemeint sein können. Diese Worthäufigkeiten berechnen die Entwickler von Korrektursystemen, indem sie Programme große Textmengen auswerten lassen.

Trotz dieses Aufwands geht dann doch so mancher Korrekturvorschlag daneben – und dann steht da »Stinker-Rakete«.

Dramatisch findet Korrekturkenner Kramer das nicht: »Die Qualität einer Rechtschreibprüfung würde ich daran nicht messen. Einen Begriff wie die Stinger-Rakete muss ein allgemeines Lexikon nicht unbedingt kennen.«

Peinlicher ist das bei Begriffen wie Internet, das Microsofts Textverarbeitung Word 95 im Jahr 1995 noch nicht kannte. Als Korrekturvorschlag gab diese Word-Version »Internat« aus.

Dabei stand das Wort Internet schon Jahre zuvor in deutschen Medien – zum Beispiel 1992 im SPIEGEL (»So brachte etwa der ›Internet-Wurm‹ eines amerikanischen Hackers weltweit rund 6000 Computer zum Erliegen«).

Dass das Internet 1995 nicht im Lexikon der Word-Rechtschreibkorrektur auftauchte, ist peinlicher als das Fehlen von Stinger-Raketen. Eine gute Rechtschreibkorrektur erkennt man allerdings nicht einfach an der Größe des Lexikons. Kramer: »Der Umfang ist kein Maßstab für die Güte der Korrektur. Der sehr gute Duden-Korrektor zum Beispiel arbeitet mit Wortstämmen und leitet davon verschiedene Formen ab, jeder im Lexikon eingetragene Wortstamm entspricht weit mehr tatsächlich erkannten Wörtern.«

Manche Lücken im Lexikon einer Rechtschreibprüfung kann man den Entwicklern durchaus vorhalten (Internet), andere eher nicht (Barock Obama). Denn allumfassend und somit perfekt kann kein Lexikon sein.

Da gilt heute noch, was André Kramer schon 2004 in seiner Magisterarbeit schrieb: »Diese Grenzen resultieren schließlich auch nicht nur im Unvermögen der Programmierer oder der fehlenden visionären Kraft der Systementwickler. Die unendlichen Ausdrucksmöglichkeiten, die die Sprache bietet, die Bildung neuer Nominationseinheiten oder die fließenden Wortgrenzen können nur zu einem bestimmten Grad vollständig abgebildet werden.«

Mit Groß-, Getrenntschreibung und Komposita hat auch aktuelle Software Probleme: Mac Word 2008 erkennt zum Beispiel den Begriff Kompositaerkennung nicht, obwohl er aus zwei erkannten Worten (Komposita und Erkennung) zusammengesetzt ist.

Auch Eigennamen sind immer noch ein Problem. Dass Korrektursoftware zum Beispiel aus dem Familiennamen Hillenbrand einen Höllenbrand macht, ist beim derzeitigen Stand der Technik kaum zu vermeiden.

Diese Probleme garantieren so manchen aberwitzigen Fehler.

Der kalifornische Anwalt Arthur Dudley zum Beispiel ist unter US-Juristen berühmt für ein Dokument, das er vor drei Jahren an ein Gericht in San Francisco schickte. Versehentlich ließ er seine Textverarbeitung den Fachbegriff sua sponte (aus eigenem Antrieb) übersetzen. Heraus kam: sea sponge – ein Seeschwamm. Fünfmal tauchte der Schwamm in dem Schreiben auf, über das US-Juristen heute noch lachen. Bemerkt hat den Fehler damals Dudleys Mandant.

Die *New York Times* musste vor einigen Jahren den folgenden dem automatischen Verbesserer geschuldeten Fehler korrigieren: Die Software hatte den Footballspieler DeMeco Ryans in einem Artikel durchgängig umgetauft – in Demerol, ein Betäubungsmittel.

Rechtschreibprüfprogramme sind eben immer noch nur eine gute Hilfe zum Aufspüren von Vertippern und Schludrigkeiten. Als Korrektorersatz ist die Software überschätzt. Bei Weitem unterschätzt dürfte allerdings das Unterhaltungspotenzial der Rechtschreibprüfung sein. Die »sea sponge defense« bringt es inzwischen schon auf zwei Google-Trefferseiten.

An unterhaltsamen Autokorrekturfehlern können sich aber nicht nur professionelle Textproduzenten und Hobbyschreiber erfreuen, auch Handybesitzer tappen immer wieder in die Besserwisserfalle.

Handys mit Worterkennungssoftware bereichert das Kurzmitteilungs- und E-Mail-Vokabular immer wieder um ein paar neue

Gerladst: Die iPhone-Autokorrektur litt lange unter Sprachverwirrung und schlug absurde Korrekturen vor.

Formulierungen. Das Wörterbuch der Autokorrektur schlägt beim Apple-iPhone absurde Verbesserungen völlig korrekter deutscher Wörter vor – egal, ob man Webformulare ausfüllt, E-Mails schreibt, bloggt oder Kurzmitteilungen sendet. Zum Beispiel:

- öder statt oder
- benutzem statt benutzen
- gerladst statt verpasst

Ärgerlich daran ist, dass das Apple-Handy diese Verbesserungen einfach einsetzt, wenn man den Vorschlag nicht wegklickt. Wer schnell tippt und nicht so genau hinschaut, welche Verbesserungen das iPhone in den Text schreibt, verschickt Sätze wie diesen: »Mist hab ich wohl gerladst« – der Autor meint damit, dass er die Veröffentlichung einer Software verpasst hat.

Für Apple ist »gerladst« offenbar ein deutsches Wort – denn wer »gerladst« in sein iPhone tippt, wird nicht korrigiert. Warum auch: Gerladst ist ein tolles, neues deutsches Wort. Es klingt nach Versagen, Peinlichkeit, vergeblicher Mühe, Kapitulation vor umständlichen Erklärungen, die stimmen, aber niemanden überzeugen werden. Kurz: »Gerladst« beschreibt ziemlich gut die Gefühlsmischung, die bei mir aufkommt, wenn mein Telefon unverständliches Kauderwelsch an Kollegen und Bekannte verschickt. Diesen offensichtlichen Vokabelfehler kann man nicht korrigieren. Abschalten lässt sich die iPhone-Zwangskorrektur auch nicht.

Schon wieder gerladst!

TIPP:

Verzichten Sie beim Handytippen auf verfängliche Konsonanten. Und auf riskante Vokale gleich mit. X ist am sichersten. Am besten bauen Sie Ihre Nachrichten nur aus Xen und Leerzeichen zusammen, damit müsste man ja Morsecode schreiben können. Und endlich wird einem der meist diskriminierten Buchstaben unseres Alphabets etwas Wiedergutmachung zuteil! Freunde, die Morsecode nicht verstehen, rufen Sie einfach an. Oder Sie schweigen, bis Apple die iPhone-Software aktualisiert und man die Besserwisserfunktion auch ausschalten kann.

Technikärgernis Lautsprecherdurchsage

Wie bitte?

Knarzen, Quietschen, Knacken – am Bahnhof hört man alles Mögliche, nur nicht die Durchsage, wo denn nun der »heute anders verkehrende« Zug abfährt, den man in fünf Minuten erwischen muss. Schuld sind Störgeräusche und der Nachhall, sagen Hörforscher. Und schlechte Raumplanung.

Es gibt eine Durchsage, die jeder Bahnreisende mitkriegt: »Bitte achten Sie auch auf die Lautsprecherdurchsagen am Bahnsteig.« Das hört man im Zug und versteht es so gerade noch. Was dann aber auf den hallenden Bahnsteigen an wichtigen Informationen durchgegeben wird, geht im Lärm der herumhetzenden Passagiere, der anderen Züge und Durchsagen unter.

Das war immer schon so, heißt aber nicht, dass unverständliche Durchsagen ein Naturgesetz sind. Das Problem in Bahnhöfen, Flughäfen und Zügen sind die sogenannten Störgeräusche, also das Quietschen einfahrender Züge, das Rattern der Rolltreppen, das Rauschen der Klimaanlage, das Geschnatter der Reisenden.

Besonders schlimm sind parallel laufende Durchsagen zum Beispiel auf unterschiedlichen Bahnsteigen. Der Physiker und

Hörforscher Birger Kollmeier erklärt: »Das Gehirn kann sehr gut Sprache zwischen Störgeräuschen ausmachen, aber nicht von anderer Sprache unterscheiden. Wenn Sprache durch andere Sprache gestört wird, mindert das die Verständlichkeit stärker als Störgeräusche.«

Aber auch die meisten Störgeräusche allein machen Durchsagen schon unverständlich. Das kann in fahrenden U- und S-Bahnen passieren, in großen Räumen wie Bahnhöfen und Flughäfen ist es aber noch viel schlimmer, weil der Nachhall die Störgeräusche verstärkt. Und es hallt umso stärker, je glatter die Oberflächen eines Raums sind. Hörforscher Kollmeier: »In Flughäfen fällt der Zuglärm weg, aber auch hier sorgen Klimaanlagen für ein Grundrauschen. In geschlossenen U- und S-Bahnen ist der Raum zwar klein, die Störgeräusche aber sind umso stärker und die Oberflächen fast durchgehend glatt.«

Um die Durchsagen verständlicher zu machen, muss man die Störgeräusche irgendwie mindern und das Erwünschte dort verstärken, wo die Menschen es hören sollen. Den »Signal-Rausch-Abstand verbessern«, nennen Hörforscher das. Akustikexperte Kollmeier: »Jede Verbesserung um ein Dezibel hier bewirkt, dass die Verständlichkeit um bis zu 20 Prozent steigt.«

Den Nachhall der Störgeräusche kann man mit Dämmplatten und allen möglichen absorbierenden Materialien mindern, die gezielte Verstärkung der erwünschten Durchsagen ist nicht ganz so einfach. Nur mehr Lautsprecher aufhängen und den Pegel erhöhen, reicht nämlich nicht immer aus. Die Technik muss sich der Akustik des Raums anpassen – und die ist nun mal in jedem Gebäude anders. Hörforscher Kollmeier verrät ein paar allgemeine Tricks: »Es hilft, mehr Lautsprecher zu installieren und sie niedriger zu hängen. Da können Gebäudeakustiker sehr viel verbessern. Es ist mit einer Reihe parallel geschalteter Lautsprecher in einer bestimmten Anordnung auch möglich, die wahrgenommene Sprachquelle an einen anderen Ort zu verlagern als die Lautsprecher.«

Diese Lautsprecher-Arrays können den Nachhall austricksen – sie erzeugen einen hohen Sprachpegel nur dort, wo er benötigt wird, regen den restlichen Raum und damit den Nachhall wenig an. Anselm Goertz, Professor für Audiokommunikation an der Technischen Universität Berlin, nennt diese stark richtenden Lautsprecher »das Mittel der Wahl bei halligen Räumen«, deren Gestaltung nicht nachträglich geändert werden kann. Da helfe es meist mehr, weniger Lautsprecher als zuvor, dafür aber gut richtende aufzustellen.

Warum das so selten passiert, erklärt Audiotechniker Goertz so: »Diese modernen Lautsprecher sind natürlich teuer, sparen aber auf der anderen Seite auch wieder Kosten ein, da nur wenige dieser Lautsprecher benötigt werden und dementsprechend auch nur wenig Aufwand mit Installation, Verkabelung und so weiter getrieben werden muss.«

Bei Neubauten ist es laut Hörforscher Kollmeier viel einfacher und günstiger, eine gute Akustik umzusetzen, als die Sanierung alter Gebäude. Trotzdem klappt es auch bei der Planung neuer Gebäude nicht immer mit der Akustik. Kollmeier: »Leider wird hier oft im Vorfeld gespart. Sei es aus Rücksicht auf die Gestaltung – glatte, für die Akustik ungünstige Materialien wie Stahl und Glas sind sehr beliebt –, sei es aus Nicht-Wissen.« Dabei müsse der Bau eines Gebäudes mit guter Akustik nicht unbedingt teurer sein als der eines mit schlechter Sprachverständ-

Lautsprecher: In hallenden Räumen mit viel Grundrauschen kann er noch so laut röhren – die Durchsagen bleiben unverständlich.

lichkeit. Kollmeier: »Es ist eher eine Frage der Gestaltung und der verwendeten Materialien als die besonders teurer Technik.« Eine Akustikdecke in einem Klassenzimmer koste zum Beispiel 1000 oder 2000 Euro mehr als eine klassische, die Akustik würde das aber erheblich verbessern.

Das Problembewusstsein dürfte in den kommenden Jahrzehnten steigen. Heute haben 18 Prozent der Deutschen einen behandlungsbedürftigen Hörverlust, sagt Hörforscher Kollmeier. Bei den über 65-Jährigen sind es mehr als 50 Prozent. Kollmeier: »Wenn Menschen mit gutem Hörvermögen schon wenig verstehen, hören diejenigen mit Beeinträchtigungen sicher kaum noch etwas von den da durchgegebenen Informationen.«

Da der Altersdurchschnitt der Gesellschaft steigt, wird das Problem schlecht zu verstehender Durchsagen drängender. Für diese Menschen kann auch ein Bahnhof mit verbesserter Akustik immer noch ein zu großes Klangchaos produzieren. Denn zumindest in stark hallenden Räumen wie Bahnhöfen ist auch mit allen Akustiktricks »eine perfekte Verständlichkeit nicht machbar«, erklärt Kollmeier. Die Idee des Physikprofessors, um dieses Problem zu lösen: In jedem öffentlichen Raum könnten auf einer standardisierten Frequenz Durchsagen übertragen werden, die jeder Besucher mit einem eigenen Empfangsgerät (etwa seinem Handy, Mini-Laptop oder Bluetooth-Kopfhörer) nutzen könnte. Kollmeier: »Es ist natürlich ein enormes Vorhaben, so einen Standard zu etablieren, technisch aber ist das keine große Herausforderung.«

TIPP:

Planen Sie zum Umsteigen am Bahnhof grundsätzlich drei Stunden ein – davon bleiben abzüglich der Verspätung dann meist noch zwei übrig. Zeit genug, um am Infopoint der Bahn anzustehen.

Technikärgernis Automatikjalousie

Die Verschwörung der Windwächter

Die Sonne knallt, ein laues Lüftchen weht, und die Automatik rollt die Jalousien aus Angst vor Sturmschäden hoch. Fassadenverdunkler spinnen, weil Windsensoren falsch platziert und Anlagen schlecht programmiert sind – oder weil Chefs an der Zurechnungsfähigkeit der Büroarbeiter zweifeln.

Wenn die Grafiker die Packpapierrollen ausrollen und die Fenster mit mehreren braunen Lagen zukleben, dann ist der Sommer da. Kann sein, dass die Angestellten in den meisten anderen Bürogebäuden Deutschlands im Hochsommer von heruntergefahrenen Jalousien abgeschirmt bequem im Dämmerlicht sitzen.

In meinem alten Büro musste man die Sonne selbst aussperren. Außenjalousien gab es zwar, allerdings auch eine Automatik, die diese bei knallender Sonne regelmäßig und stundenlang unkorrigierbar hochfuhr – wegen zu viel Winds und drohender Sturmschäden an den Jalousien, wie ein Haustechniker erklärte.

So etwas gibt es nicht nur im Ruhrgebiet – Klagen über solche Mimosenjalousien hört man in ganz Deutschland.

Ingmar Hook zum Beispiel arbeitet bei München in einem

Büro mit Jalousienkrankheit: »Unser Windwächter fährt die Jalousie kompromisslos hoch, sobald etwas Wind geht. Für diesen Fall haben wir uns alte A0-Wandkalender besorgt, die wir dann ins Fenster kleben können, damit man auf den Bildschirmen wieder etwas sieht.«

Eigentlich müssen Automatikjalousien nicht so herumzicken. Eigentlich ist die Technik perfekt, sagt Elmo Schwandke, Chefredakteur der Fachzeitschrift *g+h Gebäudetechnik und Handwerk*. Seine Einschätzung: »Ich sehe da keine grundlegenden technischen Hürden bei den verwendeten Komponenten.« Das Problem ist nicht die Technik an sich, sondern die Installation und Programmierung der Anlage samt Sensoren für Licht und Wind.

Sicher, so Gebäudetechnikexperte Schwandke, gäbe es Anlagen, die bei knallender Sonne wegen eines »leichten Lüftchens das Büro komplett der Mittagssonne aussetzten«. Aber: »So etwas liegt in fast allen Fällen an fehlerhafter Programmierung. Kompetenten Elektrofachbetrieben unterlaufen solche Fehler nicht.«

Eine häufige Ursache für zickende Automatikjalousien: Eine zentrale Wetterstation misst Windgeschwindigkeit und Lichteinstrahlung, und die Automatik lässt auf Basis dieser Daten an allen vier Fassaden die Jalousien reagieren. Da bei viereckigen Gebäuden die Sonne erfahrungsgemäß maximal zwei Seiten zugleich einigermaßen direkt erwischen kann, frustriert so eine Automatik mindestens die Hälfte der Büroinsassen.

Das gleiche Problem taucht auf, wenn ein Windsensor (auf dem Dach!?) Sturmwarnung für Außenjalousien an allen Gebäudeseiten gibt. Dann kann es gut sein, dass an einer Seite, wo gerade überhaupt kein Wind weht, die Jalousien wegen vermeintlich zu hoher Windstärke hochfahren. Kommt vor, bestätigt Gebäudetechnikexperte Schwandke, müsse aber nicht sein: »Mit einer fassadenabhängigen Steuerung kann man solche Fehlerquellen ausschließen. Außerdem ist es nicht in jedem Fall notwendig, alle Fassaden komplett zu automatisieren.« Sprich: Wenn es dem Bauherrn zu teuer ist, für jede Fassade eigene Sensoren installieren zu lassen, könnte man ja wenigstens den Büroarbeitern ein wenig mehr Kontrolle über die Verdunkler geben.

Aber selbst wenn die zentrale Wetterstation eines Büroge-

Aus dem echten Leben

Mir drängt sich der Gedanke auf, dass es eine Verschwörung von wahnsinnigen Programmierern gibt, die sich darauf geeinigt haben, alle Jalousien dieser Welt total unnütz zu programmieren. Beispiel: Sonne scheint – J. gehen hoch! Wolken ziehen auf – J. fahren runter. Usw. Kennt Ihr Anlagen, die funktionieren?
(Windwächter-Opfer im Forum wer-weiss-was.de)

»Bin mit meiner Anlage eigentlich recht zufrieden. Habe aber den Modus ausgeschaltet, dass die Rollos automatisch bei Sonneneinstrahlung runter fahren – war mir zu nervig!«

»Das Ganze könnte als geniale Einrichtung zur Einbrecherabschreckung gedacht sein.«

bäudes auf dem Dach steht, erklärt das nicht, warum jeden Tag mehrmals die Jalousien wegen vermeintlicher Sturmgefahr hochgefahren werden. So oft kommt es ja nicht vor, dass Sturmböen über Bürodächer fegen.

Jalousie: Wer von Hand kurbelt, hat die Kontrolle.

Dass die Automatik trotzdem im Hochsommer täglich Windalarm schlägt, liegt meistens an falsch programmierten Grenzwerten. Außenjalousien droht erst bei deutlich spürbaren Windböen Gefahr – nicht bei jedem lauen Lüftchen, auf das so manche Automatik anspringt. Aber es ist natürlich aufwendiger und teurer, eine individuelle Abstimmung zu finden, als die sehr niedrig angesetzten Standardwerte zu verwenden. Gebäudetechnikexperte Schwandke: »So etwas muss natürlich exakt gemessen, erprobt und programmiert werden. Es lohnt hier durchaus, etwas mehr

Geld für eine professionelle Programmierung und Systembetreuung auszugeben.«

Und selbst wenn all das nicht funktioniert, wenn ein zentraler Sensor an einer denkbar ungeeigneten Stelle am Gebäude Windgeschwindigkeit und Lichtverhältnisse misst und arg niedrige Standardgrenzwerte eingestellt sind, ist das kein Grund, die Entscheidungen einer derart beschränkten Automatik allen Büroinsassen aufzudrängen.

Denn seit Anfang der 1990er-Jahre lässt sich die Elektroinstallation in den meisten Büroneubauten sehr flexibel programmieren – Datenleitungen verbinden die elektrotechnischen Komponenten, Bus-Technik heißt das im Fachjargon. Theoretisch ist mit dieser Infrastruktur auch so ein Szenario denkbar: Wenn jemand in seinem Büro die Jalousien vor fünf Minuten selbst heruntergelassen hat, ändert die Automatik fünf Minuten später die Position der Lamellen nicht, selbst wenn ihr Lichtsensor dann feststellt, dass es deutlich heller geworden ist. Bis zu einer bestimmten kritischen Windgeschwindigkeit lässt die Automatik den Büroangestellten völlige Kontrolle über die Einstellungen der Jalousien.

Sprich: Eine gute Automatik müsste und könnte auch erkennen, wenn die Büroarbeiter sich gerade mal nicht vorschreiben lassen wollen, wie viel Licht sie brauchen, weil sie vor ein paar Minuten selbst die Jalousien so eingestellt haben, wie sie sie haben wollen. Ob es im Büro gerade zu hell oder zu dunkel ist, weiß ja eigentlich jeder Mensch besser als eine Wetterstation auf dem Dach des Nachbartrakts.

Trotzdem ist bei Automatikjalousien nach einer Aktion oft für lange Zeit jede manuelle Korrektur blockiert. Sogar der Gebäudetechnikexperte Schwandke wundert sich: »Es ist manchmal schon erstaunlich, wie wenig Installateure oder Bauherrn den Mitarbeitern in einem Bürogebäude vertrauen.«

TIPP:

Beweisen Sie es! Beweisen Sie, dass Ihre Automatikjalousie spinnt. Messtechniker Markus Winninghoff hat in seinem Berliner Büro vorgemacht, wie das geht: Er hat sich einen Windgeschwindigkeitssensor beschafft, an einem Saugnapf außen auf die Scheibe seines Büros gepfropft und dann per Datenlogger die Messwerte ausgelesen. Ergebnis: Wenn die Automatik die Jalousien aus Angst vor Sturmschäden hochfährt, regt sich meistens kein Lüftchen. Machen Sie es genauso. Die Haustechnik wird wegen ein paar Laienmessungen zwar nicht die Anlage überprüfen, aber vielleicht dürfen Sie demnächst selbst bestimmen, wie Ihre Jalousien stehen. Dass Sie dafür selbstständig, verantwortungsbewusst und intelligent genug sind, wird die Eigenkonstruktion aus Windsensor und Datenlogger ja wohl beweisen. So hätte auch MacGyver das Problem gelöst. Indirekt über Bande.

Technikärgernis Sensorarmatur

Wedeln, bis das Wasser fließt

Nie mehr Hähne aufdrehen beim Händewaschen: Dieses Versprechen halten Sensorarmaturen durchaus. Meistens. In jedem Fall aber muss man winken, wedeln, warten, bis das Wasser endlich ins Becken läuft.

Weißes Hemd, schwarze Krawatte, glänzende Lederschuhe: Der Held des Werbespots ist tadellos gekleidet, steht vor einem minimalistisch gestalteten Waschbecken mit schwarzem Marmor und messingfarbenem Wasserhahn – alles perfekt. Nur kommt kein Wasser aus dem Hahn. Der Krawattenträger wedelt mit den Händen im Becken herum, beugt sich unter den Hahn. Nichts zu machen.

Der Mann geht, das Wasser fließt, der IBM-Slogan erklärt: »Innovation erkennt man nicht am Design oder am Preis oder am Namen, sondern daran, dass sie Resultate bringt.« Die Resultate mancher Sensorarmatur sehen so aus: Das Wasser fließt mit Verzögerung, beim zweiten oder dritten Wedeln mit den Händen oder auch erst, wenn man sie wieder wegzieht. Und im schlimmsten Fall fließt gar nichts.

Außer der Flüssigseife.

Dass das bei manchen Installationen so ist, bestreiten die Hersteller gar nicht. Beim deutschen Sanitärkonzern Hansgrohe zum Beispiel urteilt man ganz allgemein: »Die Qualität der auf dem Markt befindlichen Armaturen mit Sensortechnologien ist sehr unterschiedlich, viele Probleme sind im Einzelfall der mangelnden Qualität des jeweiligen Produkts zuzuschreiben.«

Das kann an allem Möglichen liegen, denn so ein berührungsloser Wasserhahn besteht aus mehreren Komponenten: Sensor, Magnetventil und als Vermittler dazwischen Steuerungselektronik. Für Fehlfunktionen macht man bei Hansgrohe vor allem »die Qualität der eingesetzten Technik und die Abstimmung der Komponenten aufeinander« verantwortlich. »Montage und Bedienung sind im Vergleich dazu eher weniger bedeutende Faktoren.«

Was man beim Händewaschen nicht sieht: Die Wedel-Waschbecken brauchen Strom für Magnetventile, Elektronik und den Sensor. Oft versorgt eine Batterie diese Systeme. Und da sparen die Betreiber dann Strom, wie der Armaturenhersteller Franke Washroom System erklärt: »Dann wird die Taktzeit des Sensors reduziert, und es kommt zu zeitlichen Verzögerungen beim Wasserfluss.«

Sprich: Der Infrarotsensor guckt einfach seltener nach, ob ihm gerade jemand die Hände entgegenstreckt, und döst dazwischen vor sich hin. Die Intervalle verlängern die ohnehin bestehende Verzögerung durch die Reaktionskette von Sensor zu Elektronik zu Magnetventil.

Bei älteren Sensorarmaturen passiert es immer wieder, dass zwar sofort Wasser fließt, aber dann beim Händewaschen sofort wieder versiegt. Schuld daran kann ein falsch eingestellter oder einfach ein alter Infrarotsensor mit geringer Reichweite sein. Ist die nicht ausreichend oder zu kurz eingestellt, verschwinden die Hände beim Waschen aus dem Sichtfeld des Sensors.

Bei neuen Armaturen lässt sich diese Reichweite einstellen – für kleine oder stark reflektierende Waschtische gibt es eine eigene Stufe. Die muss dann nur jemand eingestellt haben. Oder eben nicht.

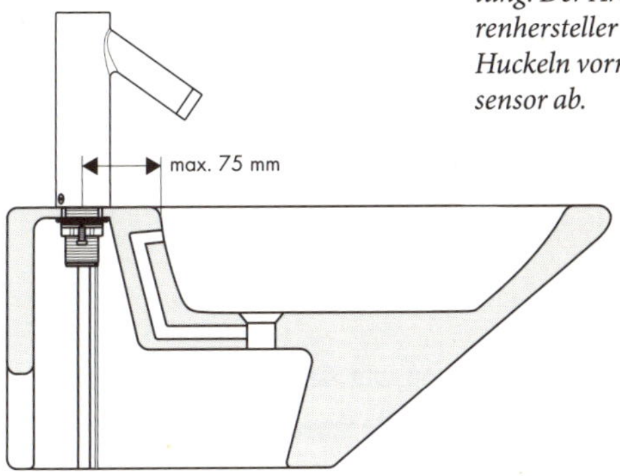

Wassersensor-Anleitung: Der Armaturenhersteller rät von Huckeln vorm Infrarotsensor ab.

Verwirren können den Bewegungssensor im Wasserhahn auch Kondenswasser, zu helles direktes Licht und Wasserspritzer – dann drohen »Fehlauslösungen« und »unbeabsichtigte Wasserabgabe«, wie fließendes Wasser ohne Hände unterm Hahn im Fachjargon heißt.

Mit diesem ganzen Ärger soll eine neue Sensortechnik Schluss machen, die vor ein paar Jahren ein Schweizer Unternehmen patentiert hat: Die sogenannten DDSA-Sensoren (Dynamic Differential Signal Absorption) arbeiten mit einem elektromagnetischen Feld und sollen »organische Objekte« durch Glas, Keramik oder Metall hindurch erkennen.

Das bedeutet: Der Sensor muss nicht mehr am Waschbecken angebracht sein, sondern kann auch in der Wand ruhen. Der Hersteller verspricht alltagstaugliche Sensoren »für den harten, professionellen und zuverlässigen Einsatz im sanitären Umfeld«.

Außerdem soll sich über diesen Sensor auch die Wassertemperatur per Fingerzeig regeln lassen – für kälteres Wasser müssen die Hände im Becken nach rechts, für wärmeres Wasser nach links.

Vielleicht können arglose Verbraucher sich dann in fünf Jahren über automatische Wechselbäder ärgern, die aus den neuen Wedel-Waschbecken kommen, statt aus alten Einhebelmischern (siehe auch: Einhebelmischer, Seite 76 ff.).

TIPP:

Führen Sie bei Einkäufen und längeren Autobahnfahrten immer ausreichend Wasser mit sich. Rechnen Sie ungefähr einen Liter je Stunde Reisezeit – dann bleibt neben dem Waschwasser auch noch etwas zum Trinken. Denken Sie auch daran, einen kleinen Vorrat Flüssigseife und ein Handtuch einzupacken. Denn noch zickiger als Sensorarmaturen sind Händetrockner (siehe auch: Händetrockner, Seite 135 ff.).

Technikärgernis Stempelautomat

Die Entwertergrenze teilt Deutschland

Stempeln oder nicht? Zonen, Waben, Ringe – im öffentlichen Nahverkehr gibt es für jedes Tarifmodell eine Automatensorte. Das Beste: Manchmal kommen entwertete Karten raus, manchmal müssen Fahrgäste noch stempeln. Der Autor hat die Entwertergrenze überschritten – und fuhr schwarz.

Der Plan war riskant: Mit dem ICE in Hamburg ankommen, mit der U-Bahn ein paar Haltestellen zum Interview fahren und zwei Stunden später wieder zurück zum Zug.

Die Vorbereitung war perfekt: Am Vortag im Internet recherchiert, dass zwei »Einzelkarten Nahbereich« (Taste 2 am Nahverkehrsautomaten) für die Fahrt genügen und günstiger sind als diverse Tageskarten (Tasten T oder G). Morgens genug Kleingeld für zwei Einzelkarten eingesteckt, um gleich am Bahnhof die U-Bahn-Rückfahrkarte auf Vorrat zu kaufen.

Am erstbesten Hamburger Automaten fand ich die richtige Taste sofort zwischen den gut 20 anderen (T3, TK, Z usw.), bezahlte passend, erhielt zwei Tickets.

Als ich versuchte, die Fahrkarte abzustempeln, ging alles schief.

Es war nirgends ein Entwerter zu sehen. Am Automaten nicht, an der Rolltreppe nicht, auf dem U-Bahnsteig nicht und in den einfahrenden U-Bahnen auch nicht.

Panik.

Hoch zum Automaten, Anleitung lesen. Irgendwann fand ich da den schönen Satz, klein gedruckt und gut versteckt zwischen ein paar Quadratmetern Tariferklärungen: »Fahrkarten zum sofortigen Fahrtantritt, ohne Entwertung gültig.« Ich rannte zur U-Bahn, kam abgehetzt, aber pünktlich an und fuhr auf dem Rückweg schwarz, um den Zug zu erwischen. Denn das vorher gekaufte Ticket galt nicht mehr, die sorgsam abgezählten Münzen waren weg, die Geldkarte leer. Meine Scheine wollte der Automat nicht.

Dämlich, aber normal. In die Entwerterfalle tappen sogar Experten für benutzerfreundliche Gestaltung wie Ronald Hartwig, Berater bei der Firma User Interface Design. Hartwig hat beruflich schon Fahrkartenautomaten getestet. Und er ist aus Versehen schwarzgefahren, weil der Automat beim Ticketkauf nicht klarmachte, dass man die Fahrkarte noch mal abstempeln muss.

Hartwig flog damals mit einem Kollegen von Hamburg (wo man nirgends entwerten muss) nach München (wo manche Tickets zu entwerten sind). Sie zogen sich am Flughafen ein Ticket, stiegen in die S-Bahn und wurden prompt kontrolliert. Hartwig: »Trotz der sehr glaubwürdigen Geschichte musste ich erst 60 Euro für Schwarzfahrerei bezahlen.« Aber die Kontrolleurin kannte das Phänomen wohl schon sehr gut.

Hartwig: »Sie gab uns den Tipp, die Schilderung und die Quittung direkt an die Bahn zu schicken. Und tatsächlich erstattete man uns 20 Euro der 60 Euro Strafe zurück. Sozusagen dunkelgrau statt schwarzgefahren.« Seine Meinung zur Entwerterfalle: »Trotzdem ärgerlich. Natürlich wäre es sehr hilfreich, wenn man sich bundesweit auf ein Modell einigen könnte.« Oder zumindest Hamburgern in München am Automaten auffällig klarmacht, dass hier alles etwas anders funktioniert. Schließlich sind die Automaten vor allem für Gäste und Gelegenheitsfahrer da – die ÖPNV-Profis vor Ort haben ja Monatstickets.

Für Laienfahrer ist es riskant, sich am Automaten ein Ticket zu ziehen. Das kann schon mal mit einem EBE enden.

EBE?

Erhöhtes Beförderungsentgelt. Die Schlichtungsstelle Nahverkehr der Verbraucherzentrale NRW reicht in einem Tätigkeitsbericht schöne EBE-Geschichten wie diese weiter:

- Fahrgast kommt aus Niedersachsen. Er wusste nicht, dass in NRW Tickets aus dem Automaten entwertet werden müssen.

- Geldschein wurde vom Automaten kommentarlos zurückgegeben (weil kein Wechselgeld mehr im Automaten vorhanden). Kundin ging von Störung aus und stieg so in den Zug. Schaffner verlangte EBE.

- Bei Abholung von telefonisch gebuchten Fahrkarten buchte Automat Preis für Fahrkarte ab, gab diese aber nicht aus.

Die Lehren daraus: Bevor jemand irgendwo in Deutschland eine Fahrkarte zieht, bevor er überhaupt aufbricht, sollte er die Entwertungsmodalitäten genau studieren. Zum Beispiel in jenem Internetforum, wo ÖPNV-Fans wochenlang die Frage diskutieren: Wo verläuft die Entwertergrenze? Kreuz und quer lautet die entmutigende Antwort:

- In München müssen alle Fahrkarten »im Entwerter abgestempelt werden, bevor Sie Ihre Fahrt antreten«, erklärt der Verkehrsverbund MVV auf seiner Webseite. Ausnahme: »Fahrkarten aus den Automaten in den Trambahnen und in den städtischen Bussen. Diese sind bereits automatisch abgestempelt.«

- In Erfurt gilt jedes Ticket aus fahrenden Automaten sofort, die anderen hat man anders als in München »nach Fahrtantritt« zu entwerten.

- In Hamburg gibt es gar keine Entwerter. Man kann am Schalter aber Fahrkarten im Voraus kaufen – mit aufgedrucktem Gültigkeitstag.

- In Paderborn ist alles noch ein wenig komplizierter: Einzelfahrkarten kommen hier entwertet aus den Automaten. Aber es gibt sie auch im Vorverkauf, ohne Entwertung. Und die Mehrfahrtenkarten sind generell nicht vorab gestempelt. Diese Karten sind, so heißt es in den Tarifbestimmungen des NPH (Nahverkehrsverbund Paderborn-Höxter) »vor Fahrtantritt zu entwerten. Die Entwertung mittels Loch ist nur gültig mit einem Entwertungsbeleg.«

Alles klar? Falls nicht, hilft kaum ein Fahrkartenautomat weiter. Die meisten Geräte der älteren Generationen ohne Touchscreen sind offensichtlich für Ortskundige gebaut. Man hat zu wissen, wie die Fahrkarte zu entwerten und das Tarifsystem aufgebaut ist, in welcher Wabe, Zone oder Stufe denn nun die Zielhaltestelle liegt und ob man auf dem Weg dorthin umsteigen muss.

Usability-Experte Hartwig: »Sehr oft sind bei der Gestaltung vieler Automaten nicht die Benutzer und ihre Aufgaben, sondern die Denkmuster und Wünsche der Anbieter in den Mittelpunkt gestellt worden. Das führt oft zu Tarifkauderwelsch, Abkürzungswahn und vor allem dazu, dass man ortskundig sein muss, um ein Gerät effektiv zu bedienen.« Nur haben Ortskundige oft eine Monatskarte, Besucher nie.

Konkret sieht das zum Beispiel an einem Hamburger ÖPNV-Automaten so aus: Den größten Teil der Automatenfront nimmt die Bedienungsanleitung ein. Mittendrin die Kurzversion. Erster Schritt: »Fahrkartenart auswählen und entsprechende Taste drücken.« Zweiter Schritt: »Preisbereich über Zifferntaste eingeben. Siehe Aushang Fahrziele und Preisbereiche.«

Dieser Aushang ist ein paar Meter neben dem Automaten zu bestaunen: Auf einer Fläche, gut dreimal so groß wie die Automatenfront, sind in einem klein gedruckten Verzeichnis alle Haltestellen samt Preisbereich alphabetisch aufgeführt. Wer sich an die Anleitung des Automaten hält, kommt in Zeitnot: Wenn man in dem riesigen Haltestellenverzeichnis zu lange sein Ziel sucht, vergisst der Automat schon mal die gewählte Fahrkarte – oder ein ungeduldiger Wartender versucht sein Glück an dem verlassenen Automaten.

Abgesehen davon: Woher soll man eigentlich wissen, ob nun zwei Einzelkarten oder ein Tagesticket günstiger sind, wenn man die Ticketart vor der Zielauswahl bestimmen muss? Und warum kann man dem Automaten nicht einfach sagen, wohin man will?

Ein Grund laut Usability-Berater Hartwig: Automaten, denen man sein Ziel per Texteingabe mitteilt, sind teurer – schließlich wird da eine neue Schnittstelle wie zum Beispiel eine Bildschirmtastatur fällig. Und noch teurer sind vandalismussichere Tastaturen, die auch mit kalten Fingern, Sehproblemen und aus ungünstigen Winkeln besser bedient werden könnten. Der andere Grund: mangelnde Kundenorientierung. Denn, so Hartwig, »zur Kundenorientierung hat man bisher an den Automaten auch oft keine Veranlassung gesehen, da in der Regel eine Monopolstellung herrscht.«

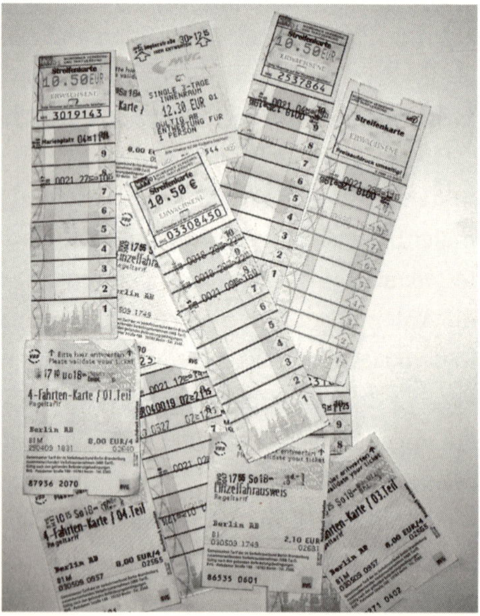

Fahrkartenwirrwarr: Stempeln oder nicht? Und wenn ja, wie oft? In jedem Verkehrsverbund gelten andere Regeln.

Sie können also nichts dafür, die 250 Kilo schweren Tastenmonster, die Tickets mal entwertet ausspucken, mal nicht und Fahrgästen nur ganz, ganz selten sagen können, wie sie eigentlich zum Ziel hinkommen. Die Bedienbarkeit der ÖPNV-Automaten ist eine Folge dieser paradoxen Situation: Einerseits gibt es in jeder Stadt nur einen, vielleicht zwei ÖPNV-Betriebe. Echte Konkurrenz, die es mit Simpeltarifen und verständlichen Automaten versuchen könnte, existiert also meist nicht.

Und andererseits gibt es in Deutschland weit mehr als 100 Tarifverbünde mit schönen Namen wie DING (Donau-Iller-Nahverkehrsverbund) oder Kim (Kissingen mobil), zu denen sich jeweils mehrere ÖPNV-Betriebe zusammengeschlossen haben. Deren Tarife sind meistens so umständlich gestaltet wie die Langversion von ÖPNV klingt: Öffentlicher Personennahverkehr. Die Tarifgebiete sind in Waben, Zonen, Streifen, Stufen geteilt, die Fahrkarten haben Namen wie G3, G6 und Z. Und wenn man eines dieser Tarifsysteme verstanden und die Bedienung der Automaten verinnerlicht hat, nutzt das in einer anderen Stadt mit einem anderen Tarif und garantiert einer Menge anderer Automatentypen gar nichts.

Die Automatenkonstrukteure müssen ein Basisgerät haben, das mit angepasster Software in all diesen Tarifsystemen funktionieren kann. Deshalb haben heute noch so viele Automaten eine Menge Fahrkartentasten (die man in jedem Tarifgebiet anders beschriften kann) und überlassen die Tarifsuche und Erklärung den Fahrgästen und den gedruckten Haltestellenverzeichnissen und Tarifkarten. Mit etwas Aufwand und teureren Eingabegeräten (Touchscreen, Tastatur) ginge das natürlich auch anders. Die Ticketautomaten der Deutschen Bahn für den Fernverkehr mit Bildschirm zeigen das: Da wird man logisch gefragt, wohin man will – erst danach muss man zwischen Detailvorschlägen zu Verbindungen und Tarifen wählen.

Theoretisch.

Doch perfekt sind auch die Bahnautomaten nicht. Will man zum Beispiel am Hamburger Hauptbahnhof eine Karte für die Fahrt ins benachbarte Ahrensburg ziehen, muss man sich erst mal zwischen diesen verwirrenden Schaltern entscheiden:

- Fahrkarten, Reservierungen DB
- Fahrkarten. Mein Weg. Der Nahverkehr in Schleswig-Holstein
- Fahrplanauskunft
- Dauer-Spezial, Abholung (Bahn-Tix, Rail & Fly), Länder-Tickets und weitere Angebote

Häh?

Wählt man nun den ersten Schalter, kann man Ahrensburg eintippen. Der Automat sucht brav eine Verbindung, meldet dann aber: »Verbundtarif: Verkauf nur am Abfahrtsbahnhof«. Wie bitte? Wo denn sonst? Man steht doch gerade am Abfahrtsbahnhof. Die Lösung: Man hätte am Anfang den zweiten Schalter (»Fahrkarten. Mein Weg. Der Nahverkehr in Schleswig-Holstein«) drücken sollen. Der Automat verrät das nicht. Die Unlogik hat System – irgendwie sind alle Nahverkehrskarten gleichmäßig über die Auswahlpunkte verteilt. Unter Menü vier (Dauer-Spezial) kann man Gruppenkarten für den Nahverkehr kaufen.

Abgesehen von solchen Pannen lobt Bedienfachmann Hartwig die Automaten der Bahn als Fortschritt. Das könnten ÖPNV-Automaten auch – schließlich arbeitet in den meisten ein Computer, der mit der richtigen Programmierung mehr schafft, als die Kommandos zum Bedrucken der Ticketpapierrolle und zur Wechselgeldausgabe zu geben. Hartwig: »Maschinen sind gut darin, aus riesigen Datenbanken von Haltestellen und Tarifdetails in Sekundenbruchteilen den günstigsten Weg von A nach B zu berechnen.« Und die Maschinen könnten dann einfach mal fragen, ob der Fahrgast lieber fünf Euro sparen oder 15 Minuten eher ankommen will. Mit der verfügbaren Technik könnten ÖPNV-Automaten das heute schaffen.

Irgendwann einmal ist es bestimmt so weit. Ganz sicher. Wenn man Prognosen vertrauen kann, dann denen des Münchner Verkehrs- und Tarifverbunds (MVV), dessen Tarife ich auch nach fünf Jahren in München nicht kapiert habe. Der MVV verspricht in einem als »Lehrerinformation« bezeichneten Text: »Der Kauf einer Fahrkarte ist heutzutage eine Sache von Sekunden. Konstrukteure haben in jahrzehntelanger Denkarbeit dafür gesorgt, dass dieser Vorgang immer weiter perfektioniert wurde. Eine Denkarbeit, die wahrscheinlich nie vollendet sein wird, da die technischen Möglichkeiten immer weiter fortschreiten!«

Hoffentlich.

TIPP:

Noch nie was von Streifenkarte, EBE und Entwertergrenze gehört? Zu kompliziert? Schwachsinn! Bevor man ans Lenkrad darf, muss man schließlich auch den Führerschein machen. Ein bisschen ÖPNV-Vorbereitung darf also wohl vor der Erstbenutzung vorausgesetzt werden. Es gibt gute Fachzeitschriften (*Der Nahverkehr, Bus & Bahn*), informative Webseiten – fehlt nur die Ratgeberreihe *Nahverkehr in …* Und für ganz Faule gibt es die ÖPNV-Flatrate. Die heißt Monatsticket und folgt demsel-

ben Prinzip wie die Handyflatrate (mit der man sich auch von undurchschaubaren Einzeltarifen befreit): Wer genug bezahlt (nämlich fürs ganze Stadtgebiet!), muss nicht über Tarifplänen grübeln, sondern kann einfach einsteigen. Und wie bei Handyflatrates zahlen Gelegenheitsnutzer hier drauf – für das Privileg, nie ÖPNV-Automaten nutzen zu müssen.

Technikärgernis Fernbedienung

Viele kleine Tasten, wenig Bedienung

Schlange, Lolli, Doppelstrich – Fernbedienungen verwirren mit solch komischen Symbolen auf vielen winzigen Tasten. Selbst bei Billighandys leuchten die, aber auf der Fernbedienung bleiben sie seit einem halben Jahrhundert dunkel.

Robert Adler kann man keinen Vorwurf machen. Als der Erfinder der drahtlosen Fernbedienung 1956 in Chicago die ersten Modelle des »Space Commander« getauften Geräts konstruierte, verpasste er den Fernsehknipsern zwei Knöpfe. Einen für die Kanalauswahl, einen für die Lautstärke.

Jahrzehnte später, bei einem Interview für die Academy of Television Arts & Sciences, klagte Adler 2004 über die Fernbedienungen von heute: »Die haben viel zu viele Knöpfe.«

Wohin die Fernbedienung sich entwickeln sollte, gab Adlers Arbeitgeber Zenith schon mit den Nachfolgemodellen der Ur-Fernbedienung vor: Mehr Knöpfe, noch mehr Funktionen, weniger Übersicht.

Der Space Commander 600 brachte auf vier Schaltern sechs Funktionen unter – mitsamt des wohl ersten Beispiels für Schalterüberladung: Um die Grün- und Rottöne des Fernsehbildes per Fernbedienung zu verstärken oder abzuschwächen, musste man erst den Ton ausschalten und dann die eigentlich zum Kanalzappen vorgesehenen Tasten drücken.

Immerhin stand auf dieser Fernbedienung noch groß die etwas befremdlich wirkende Anweisung: »Farbton regulieren nach Lautlosschalten«.

Heute haben Fernbedienungen einige Tasten mehr – 63 sind es zum Beispiel bei der DVD-Fernseher-Kombination Xoro HTC 1900d, 42 bei einem Toshiba-Fernseher. Diese Menge an Tasten ist seit Jahren konstant hoch, schon in den 1980er-Jahren gab es TV-Fernbedienungen, die auch den Videorekorder steuerten. Das Problem dabei: Abgesehen davon, dass sich die Menge an Tasten auf dem Bedienknüppel im Vergleich zum ersten Space Commander verdreißigfacht hat, ist sonst nicht viel passiert: Die Tasten sind Tasten geblieben.

Was sie eigentlich bewirken, versuchen die Hersteller mit aufgedruckten Symbolen anzudeuten. Das klappt natürlich nicht – wie könnte es auch für jede von 63 Funktionen jeweils ein Sinnbild geben, das ähnlich verständlich ist, wie es die Vor- und Rückspulsymbole inzwischen sind?

Die kläglichen Symbolversuche sehen zum Beispiel aus wie ein großer Lolli, der auf der Seite liegt und einen Pfeil als Stiel hat. Mit dieser Taste wählt man bei Toshiba-Fernsehern aus, welches Bildsignal sie wiedergeben (HDMI-Eingang, DVB-T, Komponenteneingang).

Noch verwirrender sind einige der 63 Tasten auf der Xoro-Fernbedienung für den HTC 1900d: Da schlängelt sich zum Beispiel ein Pfeil von oben rechts nach unten links. Ebenso ver-

Wörterbuch Fernbedienung – Deutsch

Was passieren könnte, wenn Sie diese Tasten drücken

Call	*Zeigt beim Videorekorder den Zählerstand an (oder blendet ihn aus).*
Counter Reset	*Setzt den Videorekorder-Zähler auf 0.*
Disc Opener	*Ruft bei manchen DVD-Rekordern das Menü zum Bearbeiten der Aufnahmeformate auf.*
EPM	*Ruft bei manchen Toshiba-DVD-Abspielern das Menü des sogenannten »Enhanced Picture Mode« auf. Dort können verschiedene Bildeinstellungen ausgewählt werden (generell heller, in dunklen Bildbereichen heller, besonders kräftige Farben und so weiter).*
H-INV	*Spiegelt das Bild eines Beamers horizontal (damit die Präsentation bei Rückprojektion lesbar bleibt zum Beispiel).*
I/II	*Schaltet bei manchen Receivern, einigen Fernsehern und ein paar DVD-Abspielern zwischen den Tonspuren um. Manchmal heißt die Taste auch A/B.*
PBC	*Die Abkürzung steht für Playback-Controll und findet sich bei manchen DVD-Abspielern. Drückt man nach dem Einschalten des Players die Taste, wird die PBC ausgeschaltet (meistens). Die Folge: Der Abspieler überspringt die Menüs und startet sofort den Film. Wenn PBC eingeschaltet ist, sieht man erst das DVD-Menü.*
Progressive	*Schaltet das Videosignal, das ein DVD-Abspieler ausgibt, zwischen dem progressiven und dem Interlaced-Format um. Sie wissen nicht, was das heißt? Einfach ausprobieren, was funktioniert.*

wirrend: Auf zwei der 63 Tasten steht Zoom (einmal schwarz auf rot und rund, einmal in hellgrau unter einem Knopf mit Pfeilen und Querstrichen).

Solche Fernbedienungssymbolik sieht Nico Jurran, Redakteur für Videotechnik beim IT-Fachmagazin c't, als einen Schwachpunkt vieler Fernbedienungen. Im Testalltag ärgert sich Jurran außerdem besonders häufig über diese Schwächen:

- Mikrotasten, die ein Erwachsener nicht drücken kann
- Gummi- oder Folientasten, die keinerlei haptisches Feedback geben
- Zu stark gerichtete Infrarotsender in der Fernbedienung oder zu schwache Empfänger im Gerät, die ein genaues Zielen erfordern
- Tasten, die in verschiedenen Betriebsmodi unterschiedliche (oder keine) Funktionen haben
- Die Unsitte, auch Tasten, die man häufig benutzt, hinter einer Klappe verschwinden zu lassen.

Schaut man sich die Vieltastenmonster von heute an, muss man sich schon fragen, was sich eigentlich in den vergangenen Jahrzehnten an Fernbedienungen verändert hat. Auf den meisten mitgelieferten Modellen sind die Symbole der Tasten im Fernsehabend-Dämmerlicht kaum zu erkennen. Warum sind die Tasten nicht beleuchtet, wie heutzutage bei jedem Billigmobiltelefon? Und warum fühlen sich fast immer alle Tasten – abgesehen von Wippschaltern für Lautstärke und Kanalauswahl – ähnlich an?

Die angefragten Hersteller Sony, Panasonic und Toshiba haben konkrete Fragen nach Entwicklungsprojekten für intuitive Bedienungen, nach besonders geformten oder beleuchteten Tasten nicht beantwortet. Toshiba verspricht immerhin mögliche Änderungen für eine nicht weiter bestimmte Zukunft: »Fernbedienungen sind ein fortlaufendes Projekt, mit dem sich unsere Ingenieure und Designer beschäftigen. Toshiba forscht sogar daran, eine Fernbedienung komplett durch Steuerung von Gesten und Stimmen zu ersetzen.«

Bis es so weit ist, könnte etwas Licht helfen.

Dabei gibt es durchaus Innovationen. Zubehörhersteller wie Logitech verpassen ihren Fernbedienungen zum Beispiel Hightech-Extras wie berührungsempfindliche Displays, verlangen dafür aber auch ein paar Hundert Euro pro Gerät.

Dass man als Hersteller auch den mitgelieferten Standardfernbedienungen ein paar Extras verpassen kann, hat vor vielen Jahren der japanische Elektronikkonzern Akai bei seinen Videorekordern gezeigt. Das um die Jahrtausendwende in Deutschland verkaufte

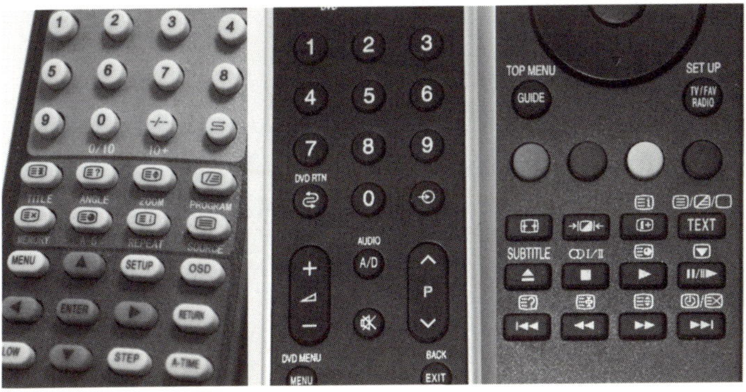

Fernbedienungssymbolik: Die Tasten für den schnellen Vor- und Rücklauf erkennt jeder, aber was bedeuten »I/II« (rechts), die Schlange und der querliegende Lolli (mitte)?

Günstigmodell Akai VSJ 718 kostete weniger als 300 Mark und bot neben damals begehrter Technik (6-Kopf-Modell, NTSC-Playback, Longplay) auch eine beleuchtete Fernbedienung, die man zudem problemlos wiederfinden konnte, wenn sie wieder einmal irgendwo unterm Sofa verschwunden war.

Wie bei den Funktelefonen heute fing die Akai-Fernbedienung an zu piepsen, wenn man am Gegenstück zur Basisstation – dem Videorekorder – die Suchtaste drückte. Einige Käufer hat das sehr gefreut (Familien mit Kindern und vergessliche Leute wissen, wovon ich spreche), Akai konnte es aber nicht helfen. Nach einer Pleite gehört die Marke inzwischen einem chinesischen Elektronikkonglomerat, das unter dem Namen Geräte vertreibt.

Mit Akai ist auch die beleuchtete und bei Bedarf piepsende Fernbedienung verschwunden, und die Standardmodelle sehen wieder alle so aus wie immer: viele Knöpfe, komische Symbole, kein Licht.

Als der Fernbedienungsentwickler Robert Adler 2004 über die vielen Knöpfe der heutigen Geräte schimpfte, fügte er hinzu: »Ich kann das nicht mehr ändern. Ich würde nur gerne jemanden dafür anschreien, wenn ich die richtige Person fände.«

TIPP:

Sparen Sie sich die Hightech-Fernbedienung, kaufen Sie eine Taschenlampe fürs Wohnzimmer. Ist billiger, und wenn der Strom ausfällt, während Sie fernsehen, haben Sie wenigstens Licht (und finden es sofort!).

Maschinenhüten

Irgendwo da draußen gibt es ein Sanatorium für jene armen Ingenieure, die ihre neu entwickelten Mobiltelefone, DVD-Spieler und Computer nicht schnell genug verkaufen konnten und unverhofft Tausende frisch geschlüpfter Geräte hüten mussten. Das macht einen fertig – weiß jeder, der einmal auch nur einen einzigen Router installieren wollte.

Die Maschinchen produzierenden Firmen sperren in der Regel die eben entstandenen Geräte sofort in Container ein. Sie haben es dabei so eilig, weil man aufpassen muss mit Telefonen, Druckern und anderen Automaten: Sobald sie die ersten Tage auf dieser Welt hinter sich haben und ein bisschen gewachsen sind, werden die Maschinchen sehr fordernd, anstrengend und manchmal ein bisschen jähzornig. Maschinengeschädigte Techniker sagen, nach dem ersten Einschalten gehe gleich die Pubertät los. Deshalb werden die Geräte in Fabriken sofort nach Entstehen sediert, eingeschweißt, ans andere Ende der Welt verschickt und an Freiwillige verteilt.

Unter anderem an mich. Eine kleine quadratische Kombination aus Festplatte und Drahtlosrouter kommt mit der Post. Ich packe sie aus, suche ihr ein schönes Plätzchen in der Diele, gebe ihr etwas Strom, und schon wacht sie auf und bockt. Ihr erstes Wort ist: »Passwort«.

Um mit der Funkfestplatte zu reden, muss ich ihr das im Funkfestplattenwerk eingeprägte Passwort nennen. Ich tippe es aus dem Handbuch ab. Die Funkfestplatte sagt: »Das angegebene Passwort ist falsch.« Das sagt sie noch ein paar Mal in den nächsten Minuten, zunehmend nölender. Falsch! Falsch! Falsch! Falsch! Falsch! Ich glaube irgendwann, »Duarst, Duarst, Duarst« zu hören, und ziehe entnervt den Stecker.

Nach ein paar Minuten Umstöpseln habe ich meine alte Internetverbindung wieder installiert und bin im Netz, noch ein paar Minuten später verrät mir ein Australier in einem US-Webforum, dass meine neue kleine Funkkiste auf ein anderes Standardpasswort hört als das im Handbuch abgedruckte. Das Gerät passt nicht zum Handbuch oder umgekehrt. Vielleicht hat es sich das auch einfach anders überlegt.

Ich stöpsele um, ich tippe, es klappt. Brav. Nun muss ich dem Kästchen stundenlang die einfachsten Sachen erklären (wie schon seinem Vorgänger): Was ist das Internet? Wie kommt man da rein? Wann sollte man schlafen gehen? Welche Türen sollte man besser abschließen, welche kann man auflassen? Und so weiter, und so weiter. Das Ding fragt mir Löcher in den Bauch, aber so ist das eben in dieser Phase.

Eine Maschine kann auch im hohen Alter jederzeit in diese infantile Fragerei zurückverfallen. Manchmal soll man sie sogar dazu zwingen – das heißt dann »auf Werkseinstellungen zurücksetzen«.

Nach dem anfänglichen Trotz und der Welterklärphase kann

man nur hoffen, dass sich das Maschinenkind mit den anderen verträgt. Manchmal wollen sie gar nicht zusammen spielen, versuchen es doch, und dann gibt es Streit. Bevor man irgendetwas mitbekommt, steht eine Maschine paralysiert am Rand, weil die anderen sie nicht mitmachen lassen wollen. Oder es gibt Haue, und jemand hat den Computer ausgeknockt, und aus dem Drucker kommen komische Zeichen oder einfach gar nichts mehr, bis man den unbeliebten neuen Spielkameraden vom Maschinensandkasten wegzerrt.

Trennen und resetten, sagen wir Maschinenversorger dazu. Ich schmeiße in solchen Fällen meistens alle zu resettenden Maschinenkinder in meine große Trotzmaschinenkiste, brülle etwas von »so nicht«, »könnt ihr mal sehen«, »Tag versaut«. Dann schubse ich die Kiste ganz oben auf den Schrank und schwöre mir, sie da erst wieder runterzuholen, wenn ich so richtig gute Laune habe. Dazu kommt es nie (gute Laune). Ich werde mit der Dreifachbelastung einfach nicht fertig – Job, Familie, Maschinenpflege.

Wenn sie schlechter Stimmung sind, stellen sich Maschinen gerne dumm. Dann fragt Windows zum Beispiel nach, ob ich »die existierende Datei« mit »dieser ersetzen möchte«, und zeigt zwei Dateien, die denselben Namen tragen, am selben Tag, zur selben Uhrzeit, ja sogar in derselben Sekunde erstellt wurden und zudem exakt dieselbe Größe haben. Es gibt keine dummen Fragen?

Stur sind sie, die Kleinen. Legendär ist diese Windows-Falle: Kopiert man mehrere Dateien und will am Zielort Dateien gleichen Namens nicht überschreiben, bietet Windows XP dem Nutzer eine Auswahlmöglichkeit zu wenig an. Man darf auf »Ja«, »Ja,

alle«, »Abbrechen« oder »Nein« klicken. Es gibt sehr viele Menschen, die sehr gerne »Nein, keine« anklicken würden, was in Maschinensprache wahrscheinlich aller Logik zum Trotz »Nein, alle« heißen würde. Diesen Generalerlösungsknopf gibt es nicht. Windows will eben für jede Datei einen eigenen Klick. Nur überschreiben kann man alles mit einem Pauschalurteil, warum auch immer.

Eltern werden dieses Verhalten kennen. Wer hat sich nicht schon einmal einen »Nein, alle«-Knopf gewünscht, wenn nach einem »Schmeiß das Essen nicht auf den Tisch, das macht Flecken« eine Fragerunde losgeht wie:

Aber die Kartoffeln?

Nein.

Und die Möhren?

Auch nicht.

Und die Erbsen?

NEIN, ALLE!

Ich glaube, Kinder haben das schon gemacht, bevor es Windows gab. Aber ich bin mir da nicht so sicher. Im Gegensatz zu Maschinen wirken sie wenigstens irgendwann erwachsen und bleiben das auch die meiste Zeit.

Beim Essen sind Maschinenkinder sehr wählerisch. In der Speicherkartendiele wollen sie immer nur ihre Lieblingssorte. Die ist meistens nicht da, und dann werfen sie sich auf den Boden und machen gar nichts. Getränke sind auch schwierig: Kleine Maschinen sind meistens auf eine Geschmacksrichtung fixiert, und die trinken sie nur durch ihren Lieblingsstromhalm (auch Netzteil genannt).

Und sollten Sie einmal versuchen, ein paar Geräte mit einem

Computer spielen zu lassen, geht das Geplärre los, wenn man nicht das richtige Spielzeug dabeihat. USB-Kabel heißt es und sollte eigentlich einmal ein universelles Gruppenruhigstellungsmittel wie der Fernseher werden. Das hat beim USB-Kabel nicht geklappt. Ein Ende dieser Kabel ist meistens gänzlich anti-universell. Nämlich das, das in das Telefon, die Digitalkamera oder den MP3-Player soll. Da gibt es 4-, 5- und 8-polige Mini-Stecker, manche sind 4,8, andere 6,9 Millimeter breit. Den MP3-Player kann man nicht mit dem USB-Kabel der Videokamera an den Rechner anschließen, ebenso wenig wie den Digitalfotoapparat.

Die Folge: Wer mit Mobiltelefon, MP3-Player, Kamera und Navigationssystem wegfährt, hat im Urlaub eine pralle USB-Tüte dabei. Und dann noch eine für die Netzteile. Wer dann zusätzlich zu den Maschinen auch noch seine Kinder mitnehmen will, reist heute notgedrungen in zwei Fuhren. Hoteliers haben das Problem erkannt und bauen inzwischen neben ihre Kinderhotels auch Maschinenherbergen voller Kabel und Speicherkarten. Wenn man Glück hat, gibt es da auch noch freie Plätze in den Maschinenbetreuungsgruppen.

Die Bundesregierung verspricht berufstätigen Maschinenversorgern Tageseinrichtungen für Geräte unter drei Jahren. Man gibt morgens die Streithähne ab und kann den ganzen Tag arbeiten statt umzustöpseln, Fragen zu beantworten und Handgreiflichkeiten zwischen Treibern zu schlichten. Die Verfasser einer Pro-Maschinchenkrippen-Studie haben ausgerechnet, dass jeder Krippenplatz einen ganz erheblichen volkswirtschaftlichen Nutzen hätte – fast 2000 Euro pro Gerät.

Dort würden auch all die Techniker gut unterkommen, die eine Überdosis pubertierender Maschinchen abbekommen haben und seither in Sanatorien manisch Kabel suchen, Akku-Memory spielen, Speicherkarten sortieren und dabei brüllen: »NEIN, ALLE!«

Ich stopfe die Funkfestplatten in die Maschinchenkiste, schließe den Deckel, schubse sie auf den Schrank. Gute Nacht! Bis morgen.